Fabian Kropla

Die inklusive Wohngemeinschaft als alternatives Wohnkonzept in der Behindertenhilfe

Wie lässt sich Inklusion im Alltag umsetzen?

Impressum:

Copyright © Social Plus 2020

Ein Imprint der GRIN Publishing GmbH, München

Druck und Bindung: Books on Demand GmbH, Norderstedt, Germany

Covergestaltung: GRIN Publishing GmbH

Zusammenfassung

Menschen mit Behinderung werden in ihrer Wohnsituation schon lange benachteiligt. Durch die Konkretisierung und Einforderung von Menschenrechten entwickeln sich mit den Jahren neue Perspektiven, für eine Deinstitutionalisierung und Bewusstseinsveränderung, für Menschen mit Behinderung. Als ein junges und alternatives Konzept, auf der Ebene der Wohnformen für Menschen mit Behinderung, bietet sich die inklusive Wohngemeinschaft an. Mittels Experteninterviews soll die inklusive Wohngemeinschaft näher analysiert, und dabei herausgefunden werden, welche Faktoren für eine gelingende Inklusion gebraucht werden. Notwendig ist dafür eine sorgfältige Planung von Rahmenbedingungen, Zielen und Aufgaben verankert in einem Konzept für eine inklusive Wohngemeinschaft. Doch trotz all der Planung im Vorfeld, sollte stets beachtet werden, dass erst in der praktischen Umsetzung unerwartete Probleme hinzukommen können, und eine Möglichkeit auf die Anpassung von Konzepten jederzeit gegeben sein muss.

Abkürzungsverzeichnis

BTHG	Bundesteilhabegesetz
GG	Grundgesetz
SGB IX	Sozialgesetzbuch Neuntes Buch - Rehabilitation und Teilhabe von Menschen mit Behinderung
SGB XII	Sozialgesetzbuch Zwölftes Buch – Sozialhilfe
UN-BRK	UN-Behindertenrechtskonvention
USA	Vereinigte Staaten von Amerika

Inhaltsverzeichnis

1 Einleitung

Wir schreiben das Jahr 2009 als in Deutschland die UN-Behinderten-rechtskonvention, die für eine Gleichberechtigung und Konkretisierung der universellen Menschenrechte für Menschen mit Behinderung, in Kraft tritt (Bundesministerium für Arbeit und Soziales, 2018: oS). Über zehn Jahre sind nun seit Inkrafttreten vergangen und dennoch hört man immer wieder von Ausgrenzungs- und Diskriminierungsproblematiken, vor allem im Wohnbereich, für behinderte Menschen. Mit der Zeit entstehen vielerorts neue Wohnkonzepte für Menschen mit Behinderung. Dabei gilt die inklusive Wohngemeinschaft als die neueste inklusive Wohnformmöglichkeit für Betroffene (Theunissen & Schirbort, 2010: 65 f.). Nur, wofür genau steht diese Wohnform? Und wie kann hier mehr Inklusion umgesetzt werden? Die Fragen führten mich zu einer tieferen Auseinandersetzung mit dem Thema der inklusiven Wohngemeinschaft. Während betitelte Zeitschriftenartikel und Konzepte, durch die Möglichkeit des Internets, online schnell Verbreitung finden, fiel das Ergebnis der empirischen Literatursuche über inklusive Wohngemeinschaften eher bescheiden aus. Um dennoch die theoretischen Grundlagen von Inklusion und der inklusiven Wohngemeinschaft zu verstehen, musste hier ein anderer Zugang geschafft werden, der sich schließlich in Form von Experteninterviews gestaltete. Um mit der Arbeit einen akademischen Beitrag zur Diskussion der Inklusion von Menschen mit Behinderung zu leisten, erschien es mir wichtig nicht nur die inklusive Wohngemeinschaft an sich selbst zu erläutern, sondern viel mehr was es denn braucht, damit die inklusive Wohngemeinschaft im Sinne der Inklusion gelingen kann. Daher orientiert sich die vorliegende Arbeit an der entstehenden Forschungsfrage: „Welche konzeptionellen Grundlagen brauchen inklusive Wohngemeinschaften um Inklusion im Alltag umsetzen zu können?"

Im Forschungsfokus steht hier das spezifische Wissen von Experten, die bereits im Kontext einer inklusiven Wohngemeinschaft tätig sind, und so gelingende aber auch problematische Faktoren aus ihrem Alltag kennen. Bei der Literaturrecherche lag der Fokus besonders auf den Autoren Jo Jerg und Georg Theunissen. Dabei vertritt Jo Jerg besonders die Professur der sozialen Arbeit und Inklusion und bietet eine umfangreiche Literatur über die Inklusionsentwicklung in unserer Zeit. Georg Theunissen, ein renommierter Heil- und Sonderpädagoge und Vertreter des ‚Empowerment-Konzepts', trägt durch seine jahrelange Arbeitserfahrung, der sozialen Arbeit mit geistig behinderten Menschen, einen großen Beitrag zur Entwicklungs- und Lebenswelt von Menschen mit Behinderung bei. Um die

Grundidee und das Vorhaben einer inklusiven Wohngemeinschaft zu verstehen, werden zunächst die einzelnen Begriffe, die im Zusammenhang mit der Forschungsfrage stehen, erläutert. Diese befinden sich im ersten Abschnitt der Arbeit und sollen systematischen zu einem Verständnis, in welchen Instanzen die Forschungsfrage angesiedelt ist, aufbauen. Im zweiten Abschnitt der Arbeit beginnt der praktische Teil. Zunächst werde ich hier mein methodisches Vorgehen näher erläutern, sowie eine Einleitung zu den geführten Experteninterviews geben, um anschließend in Abschnitt drei die Forschungsergebnisse der Experteninterviews zu präsentieren. Im Prozess der Verschriftlichung entstehen dabei neue Teilfragen, durch die die Hauptfrage und Antwort vertieft und präzisiert werden soll. Im vierten und letzten Abschnitt der Arbeit werden noch einmal ergänzende Forschungsinterpretationen der Ergebnisse aus dem dritten Abschnitt, um schließlich im Fazit Bezug auf die Frage selbst, mit einer Antwort, zu nehmen. Neben der Beantwortung der Forschungsfrage wird im Fazit ebenfalls ein Rückblick über den Forschungsprozess stattfinden und soll mögliche neue Anreize verschaffen, die weitere Ideen und Überlegungen zu dem Thema offen lassen.

2 Abschnitt I – Begriffsbestimmungen

2.1 Begriffsbestimmung Inklusion

2.1.1 Der Weg der Inklusion

Soziale Befreiungsbewegungen entstehen meist aus problematischen und politischen Kontexten, in dem sich ein oder mehrere Menschen für ihr politisches Recht und seine Existenz einsetzen. Neben namhaften Befreiungsbewegungen, gehört der Inklusionsgedanke zu einem politischen Interessensbild auf nationaler Ebene. Um diesen politischen Inklusionsgedanken in einem historischen Kontext der Behindertenarbeit zu verstehen, ist es zunächst wichtig zusammenliegende Faktoren einzugrenzen und darzustellen. Im Jahre 1948 verabschiedeten die Vereinten Nationen die Allgemeine Erklärung der Menschenrechte auf internationaler Ebene. Menschenrechte stehen jedem Menschen universell gleichermaßen zu und beruhen auf der unantastbaren Menschenwürde (Grundgesetz für die Bundesrepublik Deutschland, Artikel 1 Abs. 1). Neben den Menschenrechten der Vereinten Nationen, besitzen die verschiedenen Staaten eigens erfasste Grund- und Bürgerrechte, die nur den Staatsbürgern des jeweiligen Landes vorbehalten sind und zumeist die Allgemeine Erklärung der Menschenrechte verstärken und erweitern sollen. So wird beispielsweise im Grundgesetz (folgend GG), Artikel 3 festgehalten:

(1) Alle Menschen sind vor dem Gesetz gleich.

(2) Männer und Frauen sind gleichberechtigt. Der Staat fördert die tatsächliche Durchsetzung der Gleichberechtigung von Frauen und Männern und wirkt auf die Beseitigung bestehender Nachteile hin.

(3) Niemand darf wegen seines Geschlechtes, seiner Abstammung, seiner Rasse, seiner Sprache, seiner Heimat und Herkunft, seines Glaubens, seiner religiösen oder politischen Anschauungen benachteiligt oder bevorzugt werden. Niemand darf wegen seiner Behinderung benachteiligt werden.

(Grundgesetz für die Bundesrepublik Deutschland, Abschnitt 1, Artikel 3)

Dieser Artikel des Grundgesetzes bezieht sich auf das Grundrecht Deutschlands, dass alle Menschen gleich sind, ihnen gleichermaßen Rechte zustehen und sie unabhängig von Werten gleichermaßen behandelt werden sollen. Trotz immer mehr Gesetzen, die den Menschen Sicherheit und Gleichbehandlung sichern sollten, findet in der Nachkriegszeit eine, am psychiatrischen Modell angelehnte,

Institutionalisierung für Menschen mit Behinderung, in Deutschland statt. Das psychiatrische Modell war besonders von der nationalsozialistischen Auffassung geprägt, dass behinderte Menschen *minderwertige* oder *lebensunwerte* Menschen seien und somit *beseitigt* werden müssen, um ein *reines* Deutschland zu erhalten. Durch das Normalisierungsprinzip im Jahre 1950, welches als zentrale Maxime für erwachsene Menschen mit einer geistigen Behinderung entwickelt wurde (Theunissen & Schirbort, 2010: 60), sollte das Leben der betroffenen Menschen in allen Bereichen so normal wie möglich gestaltet werden. Während betroffene Adressaten vor den Zumutungen der Gesellschaft geschützt werden sollten, als auch die Gesellschaft vor ihnen, wurden Anstalten, Einrichtungen oder Institutionen angeboten, um so *normal* wie möglich aber auch isoliert aufgrund ihrer *Erkrankung* leben sollten (vgl. Theunissen &Schirbort, 2010: 60). Es folgte die Ansammlung von Einrichtungen mit behinderten Menschen, die sich zu sogenannten *Behinderten Häusern* entwickelten. Im Rahmen dieser Umsetzung wurde das Ziel des Normalisierungsprinzips verfehlt und grenzte Betroffene durch eine Stigmatisierung ein. Dies hatte zur Folge, dass Menschen mit Behinderung, früher wie auch heute noch, vorwiegend in stationären *Sonder-Welten* gelandet sind (Theunissen in Fink & Hinz, 2011: 29 f.). Erst in den 60er Jahren kamen weltweit erste Kritiken gegenüber der Stigmatisierung und Ausgrenzung von behinderten Menschen auf (vgl. Theunissen & Schirbort, 2010: 46 f.). Kritiker waren und sind meistens betroffene Menschen, die selbst institutionalisiert werden sollten, bereits in einer Einrichtung lebten, Angehörige von betroffenen Personen, Fachexperten oder Bürgerrechtler. Deutschland voraus waren damals höher Entwickelte Industrienationen wie zum Beispiel die Vereinigten Staaten von Amerika (folgend USA), in denen erste Kritische Ansätze gegenüber der Institutionalisierung umgesetzt wurden und Inklusionsansätze herausgearbeitet wurden (vgl. Theunissen & Schirbort, 2011: 61). Die soziale Gerechtigkeit und Anerkennung behinderter Menschen sollte für eine Deinstitutionalisierung der Angebote sorgen, sodass, durch eine politische Interessensvertretung für die Rechte Behinderter und Inklusion, im Jahre 1975 erstmals die kostenlose Beschulung aller behinderten Kinder sowie das Mitspracherecht für betroffene Eltern, für eine Reformbewegung der Gesetze in den USA sorgte. Nutzt man den Inklusionsbegriff aus dem angloamerikanischen Sprachgebrauch, so bedeutet dieser übersetzt *die Zugehörigkeit* oder *die Einbeziehung* (vgl. Theunissen & Schirbort, 2010: 13 f.). Doch wenn sich auch die Teilhabechancen für behinderte Menschen, im Vergleich zur Mitte des letzten Jahrhunderts, verbessert haben, muss hier die Entstehung von sogenannten *Sonderschulen* kritisch betrachtet werden, da diese zu einer Aussonderung und Gruppierung von Menschen mit Behinderung führen (vgl. Theunissen & Schirbort, 2010: 16). Daher muss mit dem Hintergrund dessen was der Inklusionsgedanke und die Rechte der Menschen beinhalten, nunmehr für behinderte Menschen nicht nur eine Anpassung zur Normalisierung an die Lebensstandards gegeben werden, sondern eine Umwelt der inklusiven Gesellschaft, die auf Respekt und Anerkennung aller Menschen gleichermaßen ausgelebt werden kann (Theunissen & Schirbort, 2010: 20 f.). Aus Ansätzen der Selbstbestimmung und Autonomie geht es vor allem um eine *Umverteilung der Macht* durch eine tatsächliche Normalisierung und Deinstitutionalisierung, indem der behinderte Mensch selbst darüber entscheiden kann, was gut und was nicht gut für ihn ist und wo dieser Mensch selbst leben möchte (Theunissen in Fink & Hinz, 2011: 29 f.). Dabei bilden die Selbstbestimmung und Autonomie wichtige Bestandteile des Empowerments, der als ein Kern des Inklusionsgedankens verstanden wird. Weiter wird der Begriff Inklusion vom Kern der Partizipation unterstrichen, der die Ansätze der Teilhabe und Mitwirkung beinhaltet. So lässt sich von Kludas (in Fink & Hinz, 2011: 233) folgende Stichpunktsammlung über Inklusion zusammenfassen:

> „Inklusion ist Teilhabe. Teilhabe für jeden einzelnen Menschen unabhängig davon wie anders ein Mensch ist, zum Beispiel durch verschiedenste Faktoren in seinem individuellen Leben. Inklusion befähigt Teilhabe am gesellschaftlichen Leben und sieht die Verschiedenheit der unterschiedlichen Menschen als Bereicherung. Inklusion ist das Ergebnis von Empowerment und Partizipation und ein Gewinn für alle.“

2.1.2 Inklusion und Integrität

Das vorige Kapitel nimmt Bezug auf die *Allgemeine Erklärung der Menschenrechte*, die sich auf die Teilhabe, Selbstbestimmung und Gleichstellung aller Menschen bezieht. Neben dem Original, welches seinen Ursprung in der englischen Sprache findet, existieren für anderssprachige Länder der vereinten Nationen offizielle länderspezifische Übersetzungen. Unglücklicherweise hat sich für die vorwiegend deutschsprachigen Länder Schweiz, Österreich und Liechtenstein sowie Deutschland ein Übersetzungsfehler ergeben, der zur Folge hat, dass für das englischsprachige Wort „Inclusion" in der offiziellen deutschen Übersetzung das Wort „Integration" wiederzufinden ist (vgl. Flieger & Schönwiese, 2011: 29). Jedoch hat das Wort Integration sowohl im Englischen, als auch im Deutschsprachigen Raum, eine völlig andere Bedeutung. So lässt sich die Integration folgendermaßen beschreiben:

> „Wer integriert werden muss, ist schon einmal draußen gewesen. Und [...] nicht dazu gehören, mag ja jedem Menschen da und dort oder im Laufe seinen [sic!] Lebens irgendwann schon passiert sein. Aber wenn ganze Gruppen von Menschen in einer Gesellschaft draußen sind und mühsam wieder herein geholt (also integriert) werden müssen, dann hat man in diesem Gemeinwesen oder in diesem Staat etwas falsch gemacht." (Fink & Hinz, 2011: 21)

Diese Aussage von Fink macht deutlich, dass die Integration auf einer anderen Ebene als die Inklusion handelt. So wird jemand integriert, wer schon ausgesondert wurde. Die Inklusion dagegen geschieht im Gestern, heute aber auch im Morgen und steht dabei für eine gelebte Wertehaltung ein, die sich auf ein *Alle* bezieht. Das *Alle* bezieht sich dabei nicht nur auf das Individuum, sondern auch auf die Wertevorstellungen aller Institutionen, Organisationen und Maßnahmen (vgl. Jerg, Armbruster & Walter, 2005: 126 f.). Mit dem Hintergrund, dass Inklusion Rahmbedingungen schafft, die allen Bürger gleichermaßen die Teilhabe ermöglicht und somit Zugang zu allen Prozessen und Ressourcen der Gesellschaft eröffnet, wird die Spanne zwischen dem, was Integration und Inklusion ist, entscheidend größer. So hört man nicht selten im Bereich der UN-Behindertenrechtskonvention (folgend UN-BRK) (*siehe Gesetzeslagen für Menschen mit* Behinderung) und Inklusion von einem Paradigmenwechsel, der sich in Zusammenhang mit dem Wort Integration gestaltet. Trotz Kritik gegenüber der gravierend falschen Übersetzung der Allgemeinen Erklärung der Menschenrechte in das Deutsche, gibt es bis auf in Österreich keine Fehlerkorrektur. Aus diesem Grund hat sich der Verein „das Netzwerk Artikel 3 e.V." dazu entschlossen, eine korrekte Übersetzung der Rechte online und als Broschüre zu veröffentlichen, die seit 2009 zur Verfügung steht und damit zu einer Bewusstseinsbildung beitragen soll (vgl. Flieger & Schönwiese, 2011: 29).

2.1.3 Gegenbegriffe der Inklusion

Als Gegenbegriffe zur Inklusion stehen die Begriffe *Exklusion* und *Segregation*. Gemeint ist damit etwas wie *Aussonderung*, *Ausgrenzung* oder *Trennung*. Dabei wird der Begriff Segregation vor allem in der Deutung von schulischer Ausgrenzung bei behinderten Menschen genutzt. Die Exklusion basiert eher auf der Ebene von generellen Verhaltensauffälligkeiten (vgl. Theunissen, 2010: 13), was aber nicht gleich negativ besetzt sein muss. So beschreibt Wansing (2005: 47) die Inklusion als einen Prozess, der Menschen in die *Leistungen und Prozesse* der Gesellschaft einbezieht und dabei zu einer individuellen Lebensführung führt. Durch den Zugang zu verschiedenen Ressourcen, Leistungen und Prozessen, ist dem Menschen ein selbstbestimmtes Leben möglich woraus sich eine Individualität ergibt, die Wansing als *Exklusionsindividualität* beschreibt (ebd.). Die Exklusionsindividualität charakterisiert den Menschen in unserer heutigen Gesellschaft aufgrund auf der vielfältigen Systemmöglichkeiten, die ihm zustehen, und dadurch frei selektive Lebensbereiche ausgewählt werden können. Somit ist der Exklusionsbegriff im Zusammenhang mit Inklusion nicht zwingend als Negativ zu sehen (vgl. Wansing, 2005: 47).

2.1.4 Inklusion als Modewort

Mit der einhergehenden Kritik über die Institutionalisierung in den 60er Jahren und der Forderung nach mehr Teilhabe, Gleichberechtigung und Rechten für behinderte Menschen, wandelt sich der Sprachgebrauch auf Ebene der Behindertenhilfe. Die Bevölkerung erlebt einen gesellschaftlichen Wandel in der Behindertenarbeit, insbesondere durch die UN-BRK. Nicht nur Werbekampagnen und Wortspielereien des Begriffs Inklusion finden im Alltag gebrauch (Aktion Mensch e.V., oJ: oS). So hat sich schon im Jahre 1996 die ursprünglich namhafte „Internationale Liga der Vereinigungen für Menschen mit geistiger Behinderung" in „Inclusion International" umbenannt, um damit einen neuen Impuls im Bereich der Inklusion zu setzen und einer Aussonderung und Nicht-Teilhabe entgegenzuwirken. Die Dimension der Teilhabe und Inklusion hat im Heute auch die Hochschulen erreicht, wo nun ganze Studiengänge den Inklusionstitel zieren (Uni Frankfurt, Diversität und Inklusion (MA)). Doch auch wenn sich die Verbreitung und die Möglichkeit von Inklusion immer größer und weiter gestaltet, darf man nicht außer Acht lassen, dass hier die Gefahr einer Modewort-Verwendung besteht und die ursprüngliche praktische Bedeutung von Inklusion verloren geht (vgl. Theunissen & Schirbort, 2010: 13).

2.2 Begriff Behinderung

2.2.1 Definition Behinderung

Auf der Suche nach einer Begriffsdefinition stößt man früher oder später auf das Sozialgesetzbuch der Rehabilitation und Teilhabe (folgend SGB IX). Das SGB IX hält die wichtigste Rechtsgrundlage zur Teilhabe für Menschen mit Behinderung fest (vgl. Bücker, 2013: 12) und gibt in Paragraph 2, Absatz 1 eine medizinrechtliche Erklärung über Behinderung ab:

> „Menschen mit Behinderung sind Menschen, die körperliche, seelische, geistige oder
> Sinnesbeeinträchtigungen haben, die sich in Wechselwirkung mit einstellungs- und
> umweltbedingten Barrieren an der gleichberechtigten Teilhabe an der Gesellschaft
> mit hoher Wahrscheinlichkeit länger als sechs Monate hindern können. Eine
> Beeinträchtigung nach Satz 1 liegt vor, wenn der Körper- und Gesundheitszustand
> von dem für das Lebensalter typischen Zustand abweicht. Menschen sind von
> Behinderung bedroht, wenn eine Beeinträchtigung nach Satz 1 zu erwarten ist."

(SGB IX, §2 Abs. 1)

Als Ergänzung zu dieser auf die Körpermerkmale betonten Begriffsbestimmung, gibt das Bundesteilhabegesetz (folgend BTHG) eine eigene Begriffsbestimmung, nach der eine Behinderung erst aus der Wechselwirkung mit gesellschaftlichen Barrieren entsteht:

> „Zu den Menschen mit Behinderungen zählen Menschen, die langfristige körperliche,
> seelische, geistige oder Sinnesbeeinträchtigungen haben, welche sie in
> Wechselwirkung mit verschiedenen Barrieren an der vollen, wirksamen und
> gleichberechtigten Teilhabe an der Gesellschaft hindern können."

(BTHG, Artikel 1, Absatz 2)

Das BTHG fordert eine stärkere Teilhabe von Menschen mit Behinderung und spielt eine wichtige Rolle für die Zukunft der Behindertenhilfe, wie das folgende Kapitel zeigt.

2.2.2 Gesetzeslagen für Menschen mit Behinderung

Den größten internationalen Einfluss auf die Behindertenpolitik gibt das Übereinkommen über die Rechte von Menschen mit Behinderung, welches im Jahre 2009 von Deutschland ratifiziert wurde und in Kraft getreten ist. Das Übereinkommen der UN-BRK leitet sich aus der *Allgemeinen Erklärung der Menschenrechte* von 1949 ab und befasst sich mit der Konkretisierung der Rechte, die die Teilhabe von Menschen mit Behinderung stärken und entwickeln soll. Beim Übereinkommen über diese Rechte, geht es in keinem Falle um Sonder- bzw. Spezialrechte für Menschen mit Behinderung, sondern vielmehr um die Bewusstseinsmanifestation, dass die Menschenrechte für alle Menschen gelten, ob mit oder ohne Behinderung (Fink u. Hinz, 2011: 69). Dabei steht die UN-BRK in einem engen Zusammenhang zum BTHG, für das sie einen wichtigen Grundbaustein vorgegeben hat, um das deutsche Recht für behinderte Menschen weiterzuentwickeln. Mit dem BTHG, welches 2016 vom deutschen Bundestag verabschiedet wurde, sollen die individuelle Selbstbestimmung und der einzelne Mensch mehr im Mittelpunkt stehen. Es ist das größte sozialpolitische Reformvorhaben der Bundesregierung. Zukünftig wird gemeinsam mit dem behinderten Menschen, statt wie bisher über ihn hinweg, eine individuelle Beratung und Handlung umgesetzt. Leistungsorientierte Unterstützung wird mit dem neuen BTHG ebenfalls nicht mehr abhängig vom Setting, in dem der Betroffene lebt, ausgerichtet, sondern am notwendigen individuellen Bedarf. Dies steigert die Möglichkeit der eigenen individuellen Lebensplanung und Hilfe. Selbstbestimmung wird gefördert (Bundesministerium für Arbeit und Soziales, 2018: oS). Neben den Gesetzen der UN-BRK und des BTHG, stellen das SGB IX und das Sozialgesetzbuch Sozialhilfe (folgend SGB XII) weitere wichtige Rechtsgrundlagen dar. Das SGB IX regelt dabei den Leistungsanspruch auf die Selbstbestimmung und Teilhabe am gesellschaftlichen Leben von behinderten Menschen, wenn sie die Voraussetzung einer Behinderung gemäß § 2 des SGB IX erfüllen. Im zwölften Sozialgesetzbuch wird Bezug auf die Eingliederungshilfe für behinderte Menschen genommen. Demzufolge haben behinderte Menschen, die gemäß § 2 SGB IX behindert sind, einen Leistungsanspruch auf Eingliederungshilfe um eine drohende Behinderung oder deren Folgen zu mildern oder zu beseitigen (Bücker, 2013: 12).

2.3 Begriff Wohnen

2.3.1 Wohnen

Die vorliegende Arbeit beschäftigt sich mit dem Begriff der inklusiven Wohngemeinschaft auf der Ebene von Menschen mit und ohne Behinderung im Bereich des Wohnens. Doch was bedeutet das Wohnen eigentlich und welchen Wert hat es auf uns Menschen? Das folgende Kapitel soll kurz einen Einblick zum Thema Wohnen geben, um den eigentlichen Ausgangspunkt „inklusive Wohngemeinschaft" näher verstehen zu können.

Ein nächtlicher Spaziergang durch die Innenstadt genügt um die zahlreichen beleuchteten Fenster zu sehen, hinter denen sich Schatten von Menschen abzeichnen. Schaut man genauer hin, wird erkennbar, dass kein Fensterhintergrund dem anderen gleicht. Verschiedenfarbige Wände, verschiedene Möbel und Pflanzen zieren die Vielfalt der einander reihenden Fenster. Diese Fenster sind Bestandteile von Räumen, die wiederrum Bestandteil einer Wohnung sind (vgl. Thesing, 1998: 27). Wohnungen dienen Menschen um darin zu leben. Dies lässt zumindest das Deutsche Wörterbuch erahnen. So verwendet dieses für den Begriff *leben* synonyme Wörter wie *weilen* oder *sein* (Müller, 1997: 446), die ebenso synonym mit dem Begriff *wohnen* zu verstehen sind (vgl. Müller, 1997: 827). Doch was veranlasst den Menschen dazu, in einem oder mehreren Räumen zu wohnen? Und sind Menschen von einem gleichen Wert des Wohnens betroffen? Spätestens hier wird ersichtlich, wie interessant und fragenreich das Thema „Wohnen" sein kann, obwohl diese vom eigentlichen Ziel der Arbeit abgehen. Daher beziehe ich mich hier auf die kurze Umschreibung von Thesing (1998: 31), der das Wohnen als Rückzugsort für das Individuum sieht. Der Rückzugsort oder die Wohnung dient als Schutzraum vor Regen und Kälte, Sonne und Hitze, aber auch als Abgrenzung zu anderen Mitmenschen, um in Ruhe schlafen zu können oder außer Acht von anderen Menschen Sein zu können (ebd.). Der Mensch als ein Lebewesen braucht die Möglichkeit, einen Ort zu haben, wo er sich ausleben kann und zugleich sicher ist. Durch die Verschiedenartigkeit von Menschen, gestalten sich das Wohnen und der Ort des Wohnens vielfältig. Die freie Gestaltung der Wohnung, in der das Individuum lebt, ermöglicht es, Werte der Selbstverwirklichung und Selbstverfügung zu erleben (Thesing: 1998: 38). Anlehnend an die Selbstverwirklichung eines Individuums wird hier der Blick auf die Bedürfnispyramide von Abraham Maslow geworfen, die einen wichtigen Beitrag zum Aspekt der Selbstverwirklichung und der seelischen Gesundheit des Menschen darstellt. Danach gehend, lebt der Mensch nach Bedürfnissen, um zu überleben, und ist stets bestrebt, diese zu erfüllen. Diese Bedürfnisse gelten uneingeschränkt für Menschen mit oder ohne Behinderung gleichermaßen (Scheichenberger & Scharb, 2018: 74 f.). Unbeantwortet bleibt nun die Frage, ob alle Menschen gleich vom Charakter des Wohnens betroffen sind. Bezüglich der Annahme, dass das Wohnen Werte der individuellen freien Lebensgestaltung fördert, kann man mutmaßen, dass jedes Individuum den Bedarf auf das Wohnen hat.

2.3.2 Die inklusive Wohngemeinschaft

Die inklusive Wohngemeinschaft lässt sich als eine Wohnform für Menschen mit und ohne Behinderung erklären, die ihren Ursprung in der Einforderung von Werten und Menschenrechten aus den Gesetzesgrundlagen hat. Der Mensch formt seine Wohnidentität mit persönlichen Gegenständen, an denen er Gefallen findet und zu denen er Bezug hat. Schaut man sich die Merkmale von Sondereinrichtungen für behinderte Menschen an, so handelt es sich oft um Häuser, Heime und Wohnstätten, die vom Eigentümer vorgegeben sind. Der mit Behinderung betroffene Mensch hat hier oft keine Möglichkeit zur freien

Gestaltung seiner Einrichtung, in der er wohlmöglich den Großteil seines Lebens verbringt. Doch entzieht man dem Individuum die Möglichkeit auf freie Entfaltung in seiner Unterbringung, so verliert es das Heimatsgefühl, wird haltlos und entwickelt eine Hilflosigkeit, die sich negativ auf die persönliche Entfaltung auswirken kann (vgl. Thesing, 1998: 29 ff.). Hier greift besonders Artikel 19 der UN-BRK, welcher sich auf die freie Entscheidungs- und Entfaltungsmöglichkeit, die durch die Freiheit der Wohnungswahl gegeben ist, bezieht (*siehe Kapitel Wohnen*), indem der behinderte Mensch selbst wählen und entscheiden kann, wo und mit wem er lebt:

> „Artikel 19 – Unabhängige Lebensführung und Einbeziehung in die Gemeinschaft Die Vertragsstaaten dieses Übereinkommens anerkennen das gleiche Recht aller Menschen mit Behinderungen, mit gleichen Wahlmöglichkeiten wie andere Menschen in der Gemeinschaft zu leben, und treffen wirksame und geeignete Maßnahmen, um Menschen mit Behinderungen den vollen Genuss dieses Rechts und ihre volle Einbeziehung in die Gemeinschaft und Teilhabe an der Gemeinschaft zu erleichtern, indem sie unter anderem gewährleisten, dass:
>
> a) Menschen mit Behinderung gleichberechtigt die Möglichkeit haben, ihren Aufenthalt zu wählen und zu entscheiden, wo und mit wem sie leben, und nicht verpflichtet sind, in besonderen Wohnformen zu leben.
>
> b) Menschen mit Behinderungen Zugang zu einer Reihe von gemeindenahen Unterstützungsdiensten zu Hause und in Einrichtungen sowie zu sonstigen gemeindenahen Unterstützungsdiensten haben, einschließlich der persönlichen Assistenz, die zur Unterstützung des Lebens in der Gemeinschaft und der Einbeziehung in die Gemeinschaft sowie zur Verhinderung von Isolation und Absonderung von der Gemeinschaft notwendig ist;
>
> c) Gemeindenahe Dienstleistungen und Einrichtungen für die Allgemeinheit Menschen mit Behinderung auf der Grundlage der Gleichberechtigung zur Verfügung stehen und ihren Bedürfnissen Rechnung tragen.
>
> (UN-Behindertenrechtskonvention, 2018: Artikel 19)

Anlehnend an die in der Arbeit erwähnte Gesetzeslage, zielt die inklusive Wohngemeinschaft auf eine Wohnform für Menschen mit Behinderung ab, die den Werten des Wohnens gerecht wird und betroffenen Menschen trotz geringer Selbstverantwortung die Entscheidungsfreiheit auf ihren Aufenthalt gibt.

Dabei beziehen sich die Grundgedanken der inklusiven Wohngemeinschaft auf die Rechte für behinderte Menschen, sowie auf die Wohngemeinschaftsklausel der Bundesarbeitsgemeinschaft der überörtlichen Träger der Sozialhilfe und der Eingliederungshilfe (BAGüS) von 1987:

> „Auch Personen, die nicht über das volle Maß der Selbstverantwortung verfügen, können in Wohngemeinschaften leben. Die Eigenständigkeit kann auch bei der Notwendigkeit regelmäßiger Beratung und Mithilfe durch Dritte gegeben sein. [...] solange sich daraus nicht eine Regelmäßigkeit und Intensität im Sinne einer Betreuung „Rund-um-die-Uhr" in fremder Verantwortung entwickelt"
>
> (Bundesarbeitsgemeinschaft der Überörtlichen Träger der Sozialhilfe, 1987: 4)

Weiterhin lässt sich der Begriff der Wohngemeinschaft wie folgend definieren:

> „Als Wohngemeinschaft wird das Zusammenleben von mehreren Personen bezeichnet, die keine Familie sind, sondern sich aufgrund von übereinstimmenden Willens der Mitglieder zu dieser Form des Zusammenlebens in Selbstverantwortung für die Regelung der eigenen Angelegenheiten zusammengeschlossen haben. Sie regeln eine Mithilfe fremder Personen bei den Angelegenheiten des täglichen Lebens eigenverantwortlich."
>
> (Bundesarbeitsgemeinschaft der Überörtlichen Träger der Sozialhilfe, 1987: 2)

Durch die Möglichkeit des Lebens in der Gemeinschaft werden kritische Betrachtungspunkte der Isolation oder Vereinsamung verschoben (vgl. Theunissen, 2010:67). Dabei kann das Wohngemeinschaftsverhältnis aus Menschen mit und ohne Behinderung bestehen. Durch die Mitbewohnergemeinschaft vereint das Inklusive Wohnen Werte der Inklusion und Unterstützung und ist von der Grundidee an den Ansatz der „Independent-Living-Bewegung" aus den USA anzulehnen. Dabei bestehen die Leitideen dieser Wohnformen aus der Selbstbestimmung und Freiwilligkeit der Bewohner und bilden im Sinne eines ambulanten Settings eine Gegenform des Institutionalisierungsprozesses (vgl. Thesing, 1998: 75 f.). Aus dieser Idee heraus entstehen in den letzten Jahren immer mehr Inklusive Wohnformen, die behinderten Menschen ein autonomes Leben in einer Wohngemeinschaft ermöglichen, und auf die Freiwilligkeit, von behinderten und nicht behinderten Menschen, zusammen in einer Wohnform setzt.

2.3.3 Begriff Konzept

Das Wort Konzept lässt sich aus dem lateinischen Wort *„con scribere"* her nehmen und bedeutet übersetzt „zusammenschreiben". Dabei bezieht es sich auf den (ersten) Entwurf oder die Verschriftlichung eines Planes (vgl. Kreft & Müller, 2010: 20). Die Welt ist umgeben von Handlungs- und Aufgabenfeldern, die der Mensch gestaltet, sei es der Job, die Schule oder einfach nur das Kochen in der eigenen Wohnung. Handlungs- und Aufgabenfelder brauchen Konzepte, die als Strukturierungs- und Orientierungspfad dienen. So wird gewährleistet, dass das Handlungsfeld qualitativ gleich bleibt, verbessert werden kann, sein Ziel und Zweck überprüfbar und erfüllbar ist. Somit lassen sich Konzepte in allen Bereichen von Aufgaben- und Handlungsfeldern wiederfinden. Die Strukturierung des Konzeptes teilt sich dabei in einzelne Abschnitte, die spezifischen Funktionen und Vorgehensweisen des jeweiligen Handlungsfeldes auf. So dient das Konzept im Sinne einer Reglementierung, während es Bezug auf das Aufgabenfeld, und die Funktionen nimmt. Ein Konzept soll festhalten, welche Leistungen mit einem Ziel verknüpft sind, welche Arbeitsformen das jeweilige Handlungsfeld anbietet, welche Angebote es für Interessenten gibt und welche Grundidee hinter der ganzen Planung steht. Gerät das Handlungsfeld und somit das Konzept in Aktion, so kann anhand der Verschriftlichung überprüft werden, ob das Ziel erfüllt wird oder nicht (vgl. Kreft & Müller, 2010: 20).

3 Abschnitt II - Methode

3.1 Methodische Grundlagen

Mit dem einhergehenden Verständnis über Konzepte aus dem gleichnamigen Kapitel über Konzepte und der Leitfrage „Welche konzeptionellen Grundlagen brauchen inklusive Wohngemeinschaften um Inklusion im Alltag umsetzen zu können", gestaltet sich das methodische Vorgehen dieser Arbeit. Die Fragestellung zielt dabei auf die Idee, funktionierende konzeptionelle Grundlagen von inklusiven Wohngemeinschaften zu erforschen und zu verschriftlichen. Um so nah wie möglich mit Konzepten von inklusiven Wohngemeinschaften in Berührung zu kommen, entschied ich mich in der Forschungsarbeit für die Form des qualitativen Experteninterviews. Schließlich erhielt ich die Möglichkeit, drei Interviews durchzuführen. Zu den Experteninterviews entschied ich mich, da die inklusive Wohngemeinschaft ein eher junger Bereich in der Behindertenhilfe ist, was für mich ein Grund, für eine erschwerte Suche nach guter Literatur, war. Durch den direkten Kontakt zu Experten in dem noch jungen und wachsenden Bereich war es mir möglich, Zugang zu spezifischem Wissen zu erhalten, mit dem die zu interviewenden Experten täglich konfrontiert sind. Dadurch ist es hier möglich, nicht nur Fakten und Leitideen zu inklusivem Wohnen zu erfahren, sondern auch Fakten der täglichen Arbeit (vgl. Pfadenhauer in Bogner, Littig & Menz, 2002: 113 f.). Im weiteren Forschungsprozess habe ich mich an die qualitative Inhaltsanalyse von Mayring gelehnt, die dem Datenmaterial der Interviews eine sinnvolle Strukturierung durch Kodes ermöglicht (vgl. Schirmer, 2009: 265 f.). Als Erhebungsinstrument für die Experteninterviews wurde ein Interviewleitfaden erstellt, der als Orientierung im Interview dienen sollte und sich durch offene Fragen gestaltete. Um Kodes erstellen zu können, bedarf es vorab einer Verschriftlichung der Sprachinhalte der Interviews. Dazu wurden die Interviews mit einem Smartphone aufgezeichnet und anschließend von mir transkribiert. Durch das Transkribieren werden die gesprochenen Inhalte des Interviews zu auswertbaren Daten (vgl. Schirmer, 2009: 86 ff.). Mittels des Kodierens werden Parallelen aus den drei Interviews systematisch geordnet und zentrale Begriffe zusammengetragen und in Überkodes generiert. Im letzten Teil, der Auswertung der Interviews, können dann aus den verschiedenen Kodes Darstellungen und Interpretationen erarbeitet und präsentiert werden (vgl. Schirmer, 2009: 105). Für die Begriffsbestimmungen entlang der Fragestellung dienten empirische Quellen zur qualitativen Literaturforschung.

3.1.1 Vorgehensweise

Während sich die vorliegende Arbeit im ersten Teil mit den Begriffsbestimmungen aus empirischer Literaturforschung auseinandersetzt, werden die Forschungsergebnisse der Interviews im dritten und vierten Abschnitt näher beleuchtet und zusammengefasst. Um fachgerechte Experteninterviews zu führen, wählte ich als Interviewpartner Institutionen aus, die bereits mit dem Thema des Inklusiven Wohnens vertraut waren. Ein zuvor erstellter Leitfaden diente während der Interviews als Orientierung (*siehe Anhang*) und konzentrierte sich auf die von mir erstellten Oberkategorien „Konzeptfragen", „Rahmenbedingungen" und „Inklusionsfragen". Die Interviews wurden mit einer Einverständniserklärung zur Tonbandaufnahme und Anonymisierung eingeleitet, die sowohl von mir als auch den zu Interviewenden unterzeichnet wurde. Dabei erhielt ich aus den verschiedenen Befragungen jeweils rund 60 Minuten Gesprächsmaterial, auf die in Abschnitt III näher Bezug genommen wird. Für eine genauere Übersicht aller Kodes aus den Gesprächsmaterialien, gibt es im Kapitel *Einleitung der Ergebnisse (Abbildung 1)* eine systematische Auflistung.

3.2 Übersicht der Experteninterviews

Eine Übersicht der Experteninterviews zeigt die nachfolgende Tabelle.

Interview	Datum	Art der Institution	Teilnehmer	Aufnahme
1 I1	13.11.2019	Verein und Träger	1	52 Minuten
2 I2	14.11.2019	Verein und Träger	2	59 Minuten
3 I3	21.11.2019	Verein, kein Träger	1 durchgehend+ 2 zeitweise	1,5 Stunden

Im Text beziehe ich mich jeweils auf die Angaben des Interviews (I1, I2, I3).

3.3 Ergebnisse in 3 Abschnitten

Zur Auswertung der Interviews nutzte ich die inhaltlich strukturierende qualitative Inhaltsanalyse nach Mayring und das dazu von mir entwickelte Kodiersystem (*siehe Abbildung 1*). Die Verschriftlichung der Kodes in der einsortierten Reihenfolge soll dabei zu einem aufbauenden Verständnis entlang der Forschungsfrage führen. Dabei lässt sich das Kodiersystem in folgende drei Abschnitte einteilen:

1 Die inklusive Wohngemeinschaft

2 Konzeptionelle Grundlagen im Bereich Inklusives Wohnen

3 Abschließender Blick

Wie Abbildung 1 zu entnehmen ist, stehen die Überkodes als Überschrift von weiteren Kodefeldern. Dabei dienen die jeweiligen Abschnitte der Übersicht und Unterscheidung der Kodes. Im ersten Teil „Die inklusive Wohngemeinschaft" werden Forschungsergebnisse präsentiert, die die inklusive Wohngemeinschaft im Bereich der Behindertenhilfe und Wohnen prägen. Anschließend wird im Abschnitt „Konzeptionellen Grundlagen für Inklusives Wohnen", Bezug auf die Grundlagen und Rahmenbedingungen für Inklusive Wohnkonzepte genommen. Das literarische Verständnis zum Thema Konzept, lässt sich im *Kapitel Konzepte* finden. Im letzten Teil, der Ergebnispräsentation „Abschließender Blick", werden mögliche Gefahrenpunkte und Perspektiven näher erläutert.

1. Die Inklusive Wohngemeinschaft

   1.1. Die Inklusive Wohngemeinschaft heute

   1.2. Wohnen

      1.2.1. Barrierefrei

   1.3. Der Alltag

   1.4. Fachkräfte

2. Konzeptionelle Grundlagen

   2.1. Rahmenbedingungen

      2.1.1. Orientierung an fachlichen Bezugspunkten

      2.1.2. Behindertenhilfe

      2.1.3. Bundesteilhabegesetz

      2.1.4. Inklusion

   2.2. Stadtteilplanung

      2.2.1. Sozialraumorientierung

      2.2.2. Wohnraum

   2.3. Kosten & Finanzen

      2.3.1. Kostendeckend

      2.3.2. Sichere Einnahmen

      2.3.3. Sichere Ausgaben

   2.4. Träger

3. Abschließender Blick

   3.1. Zielkonflikte

   3.2. Konflikt des Erwachsens Werdens

   3.3. Konfliktgefahr Mitbewohner

   3.4. Balanceakt Träger & Fachkraft

(Abbildung 1)

4 Abschnitt III – Präsentation der Ergebnisse

4.1 1 Die inklusive Wohngemeinschaft

Im ersten Teil der Arbeit wurde die inklusive Wohngemeinschaft aus einem gesellschaftlichen Kontext heraus erklärt. Der nun darauf aufbauende Abschnitt über die inklusive Wohngemeinschaft, umfasst ergänzende Überlegungen und Faktoren, die das Leben im inklusiven Wohnen - aus Sicht der Experten - ausmachen. Dabei lassen sich folgende Überkodes zusammenfassen:

- Die inklusive Wohngemeinschaft heute
- Wohnen
- Der Alltag
- Fachkräfte

1.1 Die inklusive Wohngemeinschaft heute. Nach Aussagen der Interviews glauben alle fest daran, dass die Nachfrage nach inklusivem Wohnen groß ist, und es kein Problem bei der Nachbesetzung eines frei werdenden Platzes geben sollte (I1, 11; I2, 23; I3, 24). Dies hängt vermutlich damit zusammen, dass es schätzungsweise nur 40- bis 50 inklusive Wohngemeinschaften in Deutschland gibt. Ein Grund der geringen Anzahl von inklusiven Wohngemeinschaften könnte im Zusammenhang mit der Aussage in Interview 3 zusammenstehen, die Bezug auf eine schwierige Umsetzung des Perspektivwechsels von Inklusion nimmt (I3, 34). Offen ist, also wie sich die Zukunft der Idee vom inklusiven Wohnen gestaltet. Denn neben der großen Nachfrage, die alle Interviewpartner empfinden, berichtet auch Interviewpartner 1 von interessierten Menschen, die sich im Planungsprozess befinden, und die Einrichtung vor Ort sowie das bestehende Konzept der inklusiven Wohngemeinschaft anschauen (I1, 11).**1.2 Wohnen.**Die inklusive Wohngemeinschaft baut auf ein gemeinsames Wohnen zwischen Menschen mit und ohne Behinderung auf (I1, 14; I2, 12; I3, 7). Vor allem geht es dabei, im Sinne der Sozialraumorientierung, um eine Inklusion von Menschen und dem vollen Recht auf ein selbstbestimmtes Leben (I2, 27; I3, 11). Ideen zur Gestaltung von inklusiven Wohngemeinschaften entstehen nicht selten von betroffenen Eltern behinderter Kinder. Besonders im zweiten Interview erfuhr ich vom Kampf gegen den teils immer noch vorherrschenden Institutionalisierungsgedanken. Eltern wünschen sich für ihr behindertes Kind, dass es trotz Beeinträchtigung so *normal* wie möglich leben kann (I2, 28) und dazu gehört auch die eigenständige Lebensgestaltung in einer Wohnung. Aus dem verbündeten Interesse von Eltern entstehen dann oft Vereine, die gemeinsam auf eine Lösung hinarbeiten (I3, 32-33). Besonders Interviewpartner 1 beschreibt den Weg der Eltern, für ihr Kind das Beste zu ermöglichen, als einen anstrengenden:„Die Angehörigen von behinderten Menschen sind - sage ich mal - permanent im „Kampfdauermodus" um für ihr Kind etwas zu erreichen. Das müssen sie auch sein finde ich, um für ihre Kinder das Maximum zu erreichen, sehr viel Energie und Kampf." (I1, 29)

Mit dem Beiwohnen in der inklusiven Wohngemeinschaft verpflichtet sich der nicht behinderte Mitbewohner für einen gewissen Stundensatz pro Woche, die behinderten Mitbewohner zu unterstützen, gilt dabei aber in keinem Falle als Fachkraft der Wohngemeinde. Allem voraus steht hierbei die Freiwilligkeit Vordergrund (I1, 2-5; I3, 7). Die zeitliche Einteilung der Stunden, die geleistet werden sollen, entscheiden die verschiedenen Konzepte und Träger der inklusiven Wohngemeinschaften individuell. Der Vorteil, den die nicht behinderten Mitbewohner hieraus ziehen ergibt sich, laut Konzeptvorstellung von Interview 1 und 3, neben einem Mietnachlass und der Sensibilisierung im Kontakt mit Behinderung (I1, 4; I3, 21, 27).

1.2.1 Barrierefrei. Die Barrierefreiheit stellt für das inklusive Wohnen einen entscheidenden Faktor dar und lässt sich in zwei Teilbereiche differenzieren. Der erste Teil besteht aus dem *Barrierefreien Wohnen* und wurde als wesentlicher Faktor für die Wohnraumsuche bei der Stadtteilplanung dargestellt.Der zweite Teil gestaltet sich aus dem *Barrierefreien Leben* und bezieht sich dabei auf Lebensumstände, die ein Hindernis für das Leben des behinderten Menschen darstellen. Um behinderten Menschen ein Leben voller Teilnahme zu gewährleisten, richtet sich der Grundgedanke der inklusiven Wohngemeinschaft an die Sozialraumorientierung ganz nach dem Motto *Mittendrin statt außen vor* (I3, 11). Dieser Grundgedanke wird jedoch als ein Gesellschaftsproblem der zuvor jahrelang stattfindenden Institutionalisierung gesehen, da durch das *Mittendrin* auch die umliegende Nachbarschaft die Bewohner der inklusiven Wohngemeinschaft, ob behindert oder nicht, als volle Bürger annehmen muss (I2, 25; I3, 11). Eine weitere Barriere im Leben, die beachtet werden muss, stellt die Betreuungs- und Pflegefunktion des benachteiligten Menschen dar. Je nach Schwere der Behinderung muss dafür gesorgt werden, dass eine Abdeckung auch im privaten Wohnkontext stattfinden kann (I3, 4).

1.3 Der Alltag. Der Alltag im Leben der inklusiven Wohngemeinschaft wird in allen drei Interviews nahezu gleich beschrieben: Im Kerngedanken der Autonomie- und Selbstgestaltung setzt die inklusive Wohngemeinschaft auf ein Leben *so normal wie* *möglich* Leben. Das heißt, die Bewohner gestalten ihren Tag selbst unter Berücksichtigung ihrer alltäglichen Aufgaben, wie den Gang zur Arbeit und anfallende Gemeinschaftsaufgaben innerhalb der Wohngemeinschaft (I1, 2; I2, 2; I3, 29). Unterscheidungsmerkmale der Alltagsstruktur finden sich zwischen den Menschen mit und ohne Pflegebedarf, da erstere, bevor sie das Haus verlassen, meist auf Assistenz von externem Fachpersonal angewiesen sind. Während die nicht behinderten Mitbewohner oft Studenten sind und in ihrem Alltag dem Studium oder Nebenjob folgen, findet der behinderte Mensch entweder in einer Werkstatt des 1. Arbeitsmarktes oder einer unterstützen Eingliederungshilfe Arbeit (I1, 2; I3, 11). Nach der Arbeit, wenn die Mitbewohner zurückkehren, begleiten entweder Fachkräfte, Betreuer oder die Mitbewohner den behinderten Menschen in Form der Betreuung. Hier wird gemeinschaftlich gekocht, gespielt, geputzt und auch wenn Behördengänge anstehen, werden diese begleitet. Am Wochenende, wenn für gewöhnlich keine berufstätige Arbeit ansteht, kann ausgeschlafen werden und für gewöhnlich werden hier dann Freizeitaktivitäten zusammen gestaltet. Wenn jemand aber mal keine Lust hat, ist das auch in Ordnung, und er zieht sich zurück in sein Zimmer oder tut das, wonach ihm gerade ist (I1, 2; I2, 2; I3, 2). Ausschlaggebend für das funktionierende Leben in der Gemeinschaft sind die Freiwilligkeit und eine Alltagsstruktur. Aus diesem Prozess heraus kann sich der Mensch frei entfalten und entwickelt ein Heimatsgefühl, was die Erfahrung aus Interview 2 mit folgender Aussage verdeutlicht:„Also meine Tochter geht nach Hause. Wenn sie bei mir war, will sie nach Hause und nicht etwa nach bei uns zuhause und das schon lange nicht mehr. Sie will zu ihren Freunden und da fühlt sie sich wohl." (I2, 2)

Besonders die freie Gestaltungsmöglichkeit im eigenen Wohnraum, in den Zimmern (I1, 7) und beim *WG-Casting* stellt einen starken Autonomiegrad der Wohngemeinde dar. Das WG-Casting findet statt, wenn ein Mitbewohner ausgezogen und ein Zimmer frei geworden ist. Nach den Vorstellungen meiner Interviewpartner entscheidet hier nicht der Träger der inklusiven Wohngemeinschaft, wer als neues einzieht, sondern die Bewohner der Wohngemeinschaft selbst. Durch das Kennenlernen des künftigen neuen Mitbewohners in Form eines Castings soll gewährleistet werden, dass auch wirklich ein Mensch gefunden wird, der Lust auf das spezielle Lebensmodell der inklusiven Wohngemeinschaft hat und in die Gemeinschaft passt (I1, 4; I2, 4).

1.4 Fachkräfte. Durch die Besonderheit der inklusiven Wohngemeinschaft, in Verknüpfung mit fachlichen Bezugspunkten der Behinderten- und Eingliederungshilfe, werden Fachkräfte für fachspezifische Aufgaben innerhalb der

Wohngemeinschaft eingesetzt. Die inklusive Wohngemeinschaft sieht dafür nicht die Mitbewohner ohne Behinderung vor, da sonst das Konzept der Autonomie und Freiwilligkeit unter den Mitmenschen nicht aufgehen würde. Fachkräfte die in Kreisen der fachlichen Bezugspunkte von inklusivem Wohnen arbeiten, sind Erzieher, Heilerziehungspfleger, Pflegefachkräfte, Assistenzkräfte und Pädagogen und werden vom Träger oder privat als externe Arbeitskraft hinzugezogen (I1, 2, 7; I2, 6; I3, 6). Die einzelnen Aufgabenbereiche die dabei vorfallen sind von Konzept und Leitidee der jeweiligen inklusiven Wohngemeinschaft unterschiedlich. So berichtet Interviewpartner 1 ausschließlich von Aufgaben der Beratung, Begleitung, Unterstützung und Vernetzung innerhalb der Wohngemeinschaft (I1, 7). In der Leitidee von Interviewpartner 2 fallen für die Fachkräfte noch organisatorische Aufgaben, wie die Gestaltung eines Putz- und Einkaufsplanes sowie die Gestaltung von Aktivitäten an I2, 6). Als eine besondere Herausforderung der Fachkräfte, schildern Interviewpartner 1 und 3, die richtige Balance zu finden zwischen den von den Mitbewohnern geforderten Aufgaben und ihrem selbstbestimmten Leben (I1, 7; I2, 6).

4.2 2 Konzeptionelle Grundlagen

Ein Konzept soll die Funktions- und Handlungsweisen eines spezifischen Aktionsfeld schriftlich festhalten. Das Verschriftlichen der bestimmten Funktionen und Vorgehensweisen im Konzept, dient dabei als Überprüfungs- und Kontrollinstanz des jeweiligen Handlungsfeldes (siehe Kapitel Konzept). Die Grundlagen eines Konzeptes sind meist von Rahmenbedingungen des jeweiligen Handlungsfeldes gegeben. Konzeptionelle Grundlagen für Konzepte im Bereich der inklusiven Wohngemeinschaft gestalten sich durch die Interviewergebnisse und werden von mir in folgende Überkodes eingeteilt:

- 2.1 Rahmenbedingungen
- 2.2 Stadtteilplanung
- 2.3 Kosten & Finanzen
- 2.4 Träger

2.1 Rahmenbedingungen

2.1.1 Orientierung an fachlichen Bezugspunkten. Gefragt, an welche fachlichen Bezugspunkte sich ihr Konzept anlehnt, äußern sich alle drei Interviewpartner gleich. So lässt sich daraus schließen, dass die Inklusive Wohngemeinschaft auf Ebenen der Behinderten- und Eingliederungshilfe arbeitet und Inklusion am praktischen Beispiel von Wohnen lebt:Im Ziel der inklusiven Wohngemeinschaft steht das autonome Zusammenwohnen von behinderten und nicht-behinderten Menschen (I2, 12). Dabei ist das Konzept der inklusiven Wohngemeinschaft an die fachlichen Schwerpunkte der Behinderten- und Eingliederungshilfe sowie der Inklusion angelehnt. Standardisierte Tätigkeiten der Behindertenhilfe, wie die Betreuung, Unterstützung und Pflege, werden übernommen und die Ablaufprozesse sollen gleich bleiben. Neben den fachlichen Bezugspunkten der Behinderten- und Eingliederungshilfe kommt ergänzend also der Aspekt des gemeinsamen Wohnens von Menschen mit und ohne Behinderung hinzu, der auf eine Inklusion im Sinne der Teilhabe im Quartier abzielt (I1, 14; I3, 29).

2.1.2 Behindertenhilfe. Aus den Interviews geht hervor, dass die Form der inklusiven Wohngemeinschaft auf eine Möglichkeit des gemeinschaftlichen Wohnens von Menschen mit und ohne Behinderung abzielt. Dabei bewegt sich die inklusive Wohngemeinschaft in Instanzen der Behindertenhilfe, Eingliederungshilfe und Inklusion (I1, 14; I2, 12; I3, 29). Durch die Verbindung der verschiedenen Instanzen von Wohnen und der Hilfe für Behinderte, stellt sich mir hier die Frage, ob oder inwieweit es hier zu Interaktionsproblemen innerhalb des Handlungsfeldes kommen kann?**2.1.3 Bundesteilhabegesetz (BTHG).** Mit dem Bundesteilhabegesetz aus dem Jahre 2016 soll die Selbstbestimmung und individuelle Lebensplanung des behinderten Menschen gesteigert werden. Somit spielt das BTHG eine große Rolle für Menschen mit Behinderung (*siehe Kapitel Gesetzesgrundlagen für Menschen mit Behinderung*). Dies beteuert auch Interviewpartner 3, da durch das Inkrafttreten des Gesetzes, mehr Einforderungsmöglichkeiten auf die Grundrechte der Bürger mit Behinderung ausgeübt werden können (I3, 13). Doch wird das BTHG aufgrund der Länderspezifischen Gesetzgebung (GG, Artikel 70 ff.) auch kritisch betrachtet.

Deutschland sieht für die 16 Bundesländer vor, eigene Landesgesetze des BTHG anzupassen, statt deutschlandweit ein einheitliches Gesetz zu verkünden. Daraus könnte ein problematischer Verwaltungsmehraufwand folgen, vor allem in der länderübergreifenden Arbeit der Behindertenhilfe (I2, 14).„Und wenn alle gesetzlichen Grundlagen fertig sind, dann haben sie 16 verschiedene" (I2, 14)

2.1.4 Inklusion. Die Inklusion als ein fachlicher Bezugspunkt im Konzept der inklusiven Wohngemeinschaft lässt sich als Ziel der Annahme und Respektierung von behinderten Menschen sehen, die das Ziel hat, betroffenen Menschen ein normales Leben mit individueller Gestaltungsmöglichkeit, zu geben. Dabei steht im Fokus die Annahme des behinderten Menschen als lebenswürdiges Individuum mit gleichen Rechten für Alle und arbeitet entgegen einer Institutionalisierung von Behindertenhäusern (I3, 15). In diesem Sinne wird die Form der Inklusion durch Unterstützung und Vernetzung in der Inklusiven Wohngemeinschaft gelebt (I3, 19) und stellt einen Perspektivenwechsel zur Ebene der Integration dar (I2, 25). Einig sind sich alle mit der Auffassung, dass der Inklusionsgedanke nur aus Freiwilligkeit gelebt und funktionieren kann (I1, 9; I2, 27; I3, 22).**2.2 Stadtteilplanung**Die Stadtteilplanung ist ein entscheidender Aspekt für die weitere Konzeptausrichtung. Dabei konzentriert sich die Stadtteilplanung auf die Umgebung, in der eine inklusive Wohngemeinschaft entstehen kann. Da alle Interviews im Großraum Hamburg stattgefunden haben, beziehe ich mich hier auf die Ausrichtung im Wohnraum Hamburg.**2.2.1 Sozialraumorientierung & Stadtteilentwicklung.** Die Sozialraumorientierung meint dabei die Ausrichtung und Gestaltung von Lebensräumen, in denen das betroffene Individuum keine Benachteiligung erhält und durch gegenseitige Unterstützung und Vernetzung mitten im Geschehen ist, statt in sogenannten *Behindertendörfern* (I3, 15). Die Stadtentwicklung zielt auf eine Gemeinschaft gegenseitiges Nutzen in den einzelnen Stadtteilen. Eine Gemeinschaftlichkeit kann nur mit der Perspektive der Sozialraumorientierung entstehen. So kann ein Kulti-Multi von Wohnungen, Arztpraxen, Einkaufsmöglichkeiten und Nachbarschaften entstehen, die im wechselseitigen voneinander profitieren (I1, 18).

2.2.2 Wohnraum. Die Suche nach Wohnraum für behinderte Menschen gestaltet sich durch zwei wesentliche Faktoren als erschwert. Zum einen benötigen Menschen mit Behinderung, je nach Art der Behinderung, eine barrierefreie Wohnung und dann muss dieser auch noch bezahlbar sein. Vor allem in Ballungsgebieten wie der Stadt Hamburg und seiner Umgebung ist die Nachfrage nach freiem und bezahlbarem Wohnraum groß (I1, 18; I2, 16; I3, 15). Durch die frühere Institutionalisierung von gesonderten Behindertenheimen, lassen sich nur erschwert private barrierefreie Wohnungen finden (I3, 17). Die Renovierung zur Barrierefreiheit kostet viel Geld und macht den Wohnraum nicht günstiger. Durch die zunehmende Stadtteilentwicklung und Sozialraumorientierung lassen sich zwar vermehrt in Neubaugebieten Hamburgs barrierefreie Wohnungen finden (Interview 1, 28:39), diese stillen aber nicht die Nachfrage. Man kann davon ausgehen, dass der Bedarf für inklusives Wohnen hoch ist, dies kann zumindest der Nachfrage nach einem Platz in den jeweiligen Einrichtungen entnommen werden (I1, 18, 11; I2, 23).**2.3 Kosten & Finanzen.**Eine detaillierte Zusammensetzung aller Kosten und Einnahmen im Bereich der inklusiven Wohngemeinschaft ist etwas komplexer, da hier verschiedene soziale Leistungen aufeinandertreffen. Generell gilt, dass Kosten und Finanzen bei der Realisierung von Projekten stets beachtet werden müssen. Hier werden Einnahmequellen und das persönliche Budget des jeweiligen Projektes berücksichtigt sowie einmalige und fortlaufende Kosten berechnet. Die unterschiedlichen Interviews vereint, dass hier Leistungsträger der jeweilige Verein bzw. die Einrichtung ist. Dies muss jedoch nicht immer der Fall sein, so können auch aus privatem Interesse inklusive Wohngemeinschaften entstehen. Vereine oder Einrichtungen als Leistungsträger bieten jedoch unter Umständen eine Sicherheit für Beteiligte und können meist auch finanzielle Bauvorhaben eher umsetzen (I1, 12). Daher bezieht sich der folgende Abschnitt auf Konzepte der Inklusiven Wohngemeinschaft mit einem Leistungsträger.**2.3.1 Kostendeckend.** Kostendeckend beschreibt das Verhältnis von Einnahmen zu Kosten, wobei die Einnahmen mindestens so hoch wie die Ausgaben sein müssen. Besonders Interviewpartner 1 weist darauf hin, dass es sonst zu Schwierigkeiten kommen würde (I1, 5). Zwar werden die Schwierigkeiten nicht weiter aufgeführt, doch kann man davon ausgehen, dass wenn die Kosten höher als die Einnahmen sind, die Qualität des Angebots leidet und die Erhaltung sowie die Beschaffung von Ressourcen begrenzt ist. Sichere Einnahmen sowie Ausgaben, werden im Folgenden festgehalten und orientieren sich an die Berechnung der Kostendeckung.

2.3.2 Sichere Einnahmen. Hilfebedürftige Menschen wie Menschen mit Behinderung, von denen zu erwarten ist, dass sie an einer materiellen Notlage durch Ausüben einer Erwerbstätigkeit aufgrund von Alter oder gesundheitlichen Gründen scheitern, erhalten Leistung aus der Grundsicherung nach dem SGB XII *(siehe auch Gesetzeslagen für Menschen mit Behinderung)*. Mit den Leistungen der Grundsicherung berechnet das Konzept der Inklusiven Wohngemeinschaft eine sichere Einnahmequelle, die die Kosten des Wohnraumes abdecken soll (I3, 21). Diese Stellungnahme nimmt zumindest Interviewpartner 3 ein, während Interviewpartner 1 nur von der generellen Finanzierung spricht, die im Kontext des Selbstbestimmten Wohnens gegeben sein muss (I1, 27). Eine weitere Geldeinnahme die durch die benachteiligten Mitbewohner gegeben ist, ist das Pflegegeld, welches unabhängig von der Grundsicherung ist, da es eine andere Art von Leistung der sozialen Pflegeversicherung ist. Nach Interviewpartner 3 wird das Pflegegeld, welches betroffene Mitbewohner erhalten, als Mietgeldzuschuss für die Menschen ohne Behinderung genutzt. Daraus ergibt sich für die Mitbewohner ohne Behinderung eine geringere Miete (I3, 21). Hieraus gestaltet sich die Frage, wieso die Menschen ohne Behinderung einen Teil des Pflegegeldes als Mietzuschuss erhalten?**2.3.3 Sichere Ausgaben.** Eine definitive Kostenausgabe die alle Interviewpartner vereint, ist die Beschäftigung von Fachpersonal im Wohnbereich einer Inklusiven Wohngemeinschaft. Obwohl die Inklusive Wohngemeinschaft Menschen mit Behinderung die Möglichkeit auf ein selbstbestimmtes Leben gewähren möchte, darf nicht außer Acht gelassen werden, dass diese dennoch pflege- und oder unterstützungsbedürftig sind (I1, 2,5; I2, 6; I3, 4, 21). Als weiteren sicheren Ausgabepunkt nennt Interviewpartner 1 den Nahrungsunterhalt für die Menschen mit hohem Hilfsbedarf. Demnach werden die Einkäufe für die Betroffenen vom Träger selbst finanziert und organisiert (I1, 27). Neben dem laufenden Kostenfaktor Fachpersonal ist ein großer und einmaliger Faktor die Anschaffung eines Grundstückes bzw. des Wohnraumes. Dieser Kostenfaktor ist zu anfangs mit höheren Kosten verbunden und kann unter Umständen eher von einem größeren Leistungsträger gestemmt werden (I1, 25). Vor allem Vereine, die von Betroffenen gegründet wurden (I2, 23; I3, 33) stehen vor der finanziellen Frage der Wohnraumanschaffung *(siehe Wohnraum)*. Als Lösung wird hier die Möglichkeit der Investition von Bauherren geäußert, die mit der Gestaltung eines fundierten Konzeptes durchaus interessiert sind so etwas zu unterstützen (I1, 20; I2, 18; I3, 21).

2.4 Träger. Für das Entstehen einer inklusiven Wohngemeinschaft ist eine Trägerschaft kein Muss. So berichtet Interviewpartner 1 davon, dass es durchaus auch Wohngemeinschaften gibt, die durch Eigeninitiative entstanden sind und nach den Prinzipien der inklusiven Wohngemeinschaft leben (I1, 12). Doch gestaltet sich die Unterstützung durch einen Träger als äußerst attraktiv. Der Träger, als Instanz hinter der inklusiven Wohngemeinschaft, bietet allerlei Service an, der im privaten Kontext eigens geleistet oder beantragt werden müsste (I1, 12). Hinter dem Service steht dabei das Einstellen von Personal sowie die Übernahme sämtlicher Verwaltungsaufgaben, das Schreiben von Hilfeplänen und Sozialberichten sowie, der inklusiven Wohngemeinschaft einen Rahmen zu geben (I1, 25; I2, 20; I3, 19).**3 Abschließender Blick.** Zum Schluss von Abschnitt III sollen noch konfliktgefährdete Situationen, der inklusiven Wohngemeinschaft in den Fokus gesetzt werden. Dabei folgt die Aufteilung im ersten Schritt nach möglichen Gefahren- und Kritikpunkten, die beim Modell des inklusiven Wohnens ein Thema sind. Im zweiten Schritt werden Erfordernisse für ein erfolgreiches Gestalten der inklusiven Wohngemeinschaft vorgestellt. Die Gefahren- und Kritikpunkte teilen sich dabei in folgende Unterkategorien auf:

- Zielkonflikte
- Konflikt des Erwachsen werdens
- Konfliktgefahr Mitbewohner
- Balanceakt Träger/ Fachkraft

3.1 Zielkonflikte. Als ein großes Problem sieht Interviewpartner 1 den Zielkonflikt zwischen den Konzeptleitlinien der inklusiven Wohngemeinschaft und den sorgenden Eltern der behinderten Einzugskinder. Eltern von behinderten Kindern sind bestrebt, für ihr Kind das Beste zu erreichen. Wenn dann ein neues Konzept in der Behinderten- und Eingliederungshilfe, wie eine inklusive Wohngemeinschaft, vorgestellt wird, so ist die Erwartungshaltung daran groß. Doch auch hier darf nicht außer Acht gelassen werden, dass die Konzeption zwar ein guter Plan von etwas wie es funktionieren soll ist, aber die Realität oft mit Problemen einhergeht.

So beschreibt Interviewpartner 1 einen Fachkräftemangel im Bereich der sozialpädagogischen Berufe und dass die Erwartungshaltung der Eltern häufig in die Leitlinien der inklusiven Wohngemeinschaft eingreift, wenn sie ihre Aufgabe der intensiven Betreuung des Kindes weiter fortführen wollen (I1, 29).

3.2 Konflikt des Erwachsenwerdens. Angrenzend an den zuvor beschriebenen Zielkonflikt aus Interview 1 baut der Konflikt des Erwachsen werdens auf. Dabei kommen junge Menschen, die das Erwachsenenalter erreichen, in einen neuen Lebensabschnitt der Menschen dazu veranlasst aus dem Elternhause auszuziehen und eigene Wege zu gehen. Dieses Bedürfnis haben Menschen mit und ohne Behinderung gleichermaßen. Mit dem neuen Lebensabschnitt hat der junge Mensch ein Bedürfnis auf die eigene Entfaltung. Doch wenn die Eltern den neuen Lebensabschnitt der Kinder nicht als volle autonome Entwicklung annehmen, kann es vorkommen, dass die jungen Erwachsenen weiterhin „bemuttert" werden. Geschieht dies in einem anderen Wohnsetting als dem eigenen Zuhause, kann dies die Autonomieentwicklung des Kindes aufhalten und auch mögliche Mitbewohner stören (I1, 29). Ein weiterer Konflikt des Älter-werdens, kann nach Aussagen der Interviewpartner 2 und 3 innerhalb der inklusiven Wohngemeinschaft entstehen, wenn die Wohngemeinschaft altert. So deuten beide Interviewpartner daraufhin, dass ein Ausziehen der behinderten Mitbewohner eher nicht passieren wird, da die Wohngemeinschaft zusammen altert und lebt (I2, 4, 23; I3, 24). Anderer Meinung ist hier Interviewpartner 1, der offen über den Auszugsvorgang von Menschen mit und ohne Behinderung gesprochen hat (I1, 4). **3.3 Konfliktgefahr Mitbewohner.** Als eine schwierige Aufgabe zwischen den Bewohnern wird das Verhältnis zwischen den behinderten und nicht behinderten Menschen gesehen. Die Menschen ohne Behinderung haben die Möglichkeit einen geringeren Mietbeitrag in der inklusiven Wohngemeinschaft zu zahlen. Dafür verpflichten sie sich zu einem von der inklusiven Wohngemeinschaft bestimmten wöchentlichen Stundeneinsatz, den sie in Form der Unterstützung und Teilhabe gemeinsam mit den behinderten Menschen verbringen sollen. Dabei ist die Trennlinie klar zu vermerken, dass der nicht behinderte Mensch kein Mitarbeiter des Leistungsanbieters ist und auch keiner sein soll. Ansonsten würde das Mitbewohnerverhältnis auf eine Ebene fallen, die nicht mehr viel mit Inklusion zu tun hat (I1, 5, 11; I3, 7, 21). Daran anschließend möchte ich die Teilfrage aus dem Abschnitt *sichere Einnahmen* beantworten, wieso der nicht behinderte Mensch einen Teil des Pflegegeldes der Leistungsansprechenden als Mietzuschuss erhält:Der Mitbewohner wird nicht als Mitarbeiter gesehen und erhält für seine erbrachten Stunden der Unterstützung keinen Arbeitslohn, jedoch als Gegenleistung die Möglichkeit einer Vergünstigung der Mietkosten.

Eine weitere Teilfrage, deren Antwort sich auf den oben verfassten Teil des Abschnittes bezieht, entstand im Kode *Behindertenhilfe* und ließ offen, inwieweit es zu Interaktionsproblemen innerhalb der Wohngemeinschaft kommen kann. Um der Gefahr einer Verschiebung des Mitbewohnerverhältnisses entgegenzuwirken, äußerte Interviewpartner 1, dass ein Vorteil darin bestünde, wenn die nicht behinderten Mitbewohner keiner sozialen Tätigkeit nachgingen, um so nicht in eine fachliche Rolle, auf privater Wohnebene zu fallen (I1, 9).

3.4 Balanceakt Träger & Fachkraft. Der Träger einer inklusiven Wohngemeinschaft steht als Leistungsanbieter für die inklusive Wohngemeinschaft. Dabei regelt er Aufgaben der Unterstützung und Organisation, Aktivitäten Gestaltung und Rahmengestaltung (I1, 7; I2, 20; I3, 22). Außerdem kümmert sich der Träger um die Anstellung von externen pädagogischen Fachkräften (I1, 4; I2, 6; I3, 19). Dadurch entsteht ein Verhältnis in Form eines Vertrags zwischen dem Leistungsanbieter und den Bewohnern der inklusiven Wohngemeinschaft, welches als besondere Herausforderung empfunden wird, vor allem dann, wenn der hilfebedürftige Bewohner andere Unterstützungsmöglichkeiten bevorzugt (I1, 29; I2, 20; I3, 6). Hier sieht Interviewpartner 1 die Gefahr eines Interessenskonflikts, wenn der hilfsbedürftige Bewohner andere Unterstützungsmöglichkeiten als die vom Träger vorgegebenen bevorzugt, insbesondere wenn der Träger gleichzeitig der Vermieter ist. „Ich finde der Leistungsanbieter sollte nicht der Vermieter sein, ne dann sind schon wieder Interessenskonflikte da. Du darfst hier wohnen aber dann musst du auch unsere Leistungen annehmen [...]" (I1, 21).Bei der Frage welche Hürden bei der Umsetzung von Inklusion entstehen, bezogen sich Interviewpartner 1 und 3 auf das Finden einer richtigen Balance zwischen den zu bewältigen pädagogischen Aufgaben der Fachkräfte und der Autonomie der Mitbewohner. Es geht um ein *gemeinschaftliches Leben durch Kommunikation*. Diese Aufgaben zu bewerkstelligen läuft unter einer Prämisse der Freiwilligkeit der Bewohner gekoppelt mit Herz und Leidenschaft des Trägers sowie den Fachkräften (I1, 23; I3, 22).

5 Abschnitt IV - Schlussteil

5.1 Interpretation der Ergebnisse

Es zeigt sich, dass sich das Leben einer inklusiven Wohngemeinschaft wohl kaum zum Leben eines *gewöhnlichen* Wohnkontextes unterscheidet. Neben der Unterstützungsarbeit für betroffene Menschen geht der Alltag einer ganz gewöhnlichen Lebensstruktur nach, in der der Bewohner aufsteht, seiner Tagesbeschäftigung nachgeht, Feierabend macht und seine Freizeit individuell mit der Wohngemeinschaft, mit Freunden oder allein gestaltet. Auch mit Unterstützungs- oder Assistenzpersonal müssen die Bewohner der hier interviewten inklusiven Wohngemeinschaften, die Grundreinigung der Wohnräume machen (I1, 2; I2, 2; I3, 4). In dem Sinne sehe ich hier, mittels Unterstützung und Gemeinschaftsleben, einen potenziellen Faktor des *Leben & Wohnen lernen*. Aber man sollte auch *Lust* auf das Setting des inklusiven Wohnens haben, da die inklusive Wohngemeinschaft von einem stärkeren Gemeinschafts- und Unterstützungsgrad durch die Verbindung von Menschen mit und ohne Behinderung geprägt ist. Dafür sollte man offen sein und *soziale Freude* besitzen, um gemeinsam sozialkompetente Fähigkeiten und eine Sensibilisierung zu erfahren (I1, 9; I3, 22). Das Angebot einer inklusiven Wohngemeinschaft sollte daher attraktiv gestaltet werden, um ein Gesellschafts- und politisches Interesse zu vertreten. Dazu tragen vor allem ein gut durchdachtes Konzept, wie auch der zentrale Wohnort der inklusiven Wohngemeinschaft bei. Durch die Konzeption wird der Nutzen des jeweiligen Handlungsfeldes mit Leitideen und politischen Zusammenhängen aus Interesse und Gesetzesgrundlagen präsentiert und dient dabei als Vorgabe und Rückprüfung.

Dennoch hat der Inklusionsgedanke, vor allem in Bezug auf die inklusive Wohngemeinschaft, auch Grenzen, die zu beachten sind. So äußert sich Interviewpartner 1 zu einem Wohngemeinschaftsproblem, das entstehen würde, wenn der behinderte Mensch einen zu hohen Hilfebedarf hat und-/ oder nicht in der Lage ist mit seinen Mitmenschen zu kommunizieren. Dann könnte auch ein zu viel assistierendes Fachpersonal in der Gemeinschaft als *störend* empfunden werden. Es sollte bedacht werden, dass nicht jede Person inkludiert werden möchte oder kann. „Und diese Zwangsinklusion in den Schulen finde ich auch nicht gut - auf Teufel komm raus -, bei der einen Gruppe funktioniert das, bei anderen nicht, das ist in jeder Lebenswelt so." (I1, 23; I3, 31) Zwangsinklusion kann nicht funktionieren, da Zwang entgegen einer autonomen und selbstbestimmten

Handlung agiert. Demzufolge sehe ich den Inklusionsgedanken als eine freie Lebenseinstellung des eigenen Lebens.

Das Konzept der Inklusiven Wohngemeinschaft erhält meiner Auffassung nach einen hohen Stellenwert für alle Menschen in der heutigen Gesellschaft. Die inklusive Wohngemeinschaft orientiert sich entgegen einer Institutionalisierung und sucht daher den Wohnraum im *Mittendrin*. Durch das Verhältnis zwischen den Bewohnern, tragen alle einen Gewinn davon. Der behinderte Mensch nimmt mehr Teil an der Gesellschaft und kann sich frei entfalten, der nicht behinderte Bewohner erhält die Möglichkeit kostengünstiger zu wohnen. Schaut man sich den Entstehungsprozess der Inklusion (siehe *der lange Weg der Inklusion*) an, so wird ersichtlich wie sich die Perspektive hin zu einem bewussteren und offeneren Gedanken der Menschenrechte verändert.

5.2 Fazit

5.2.1 Wofür steht die inklusive Wohngemeinschaft?

Zuhause sein zu können, ob alleine oder mit anderen Menschen zusammen, spielt eine wichtige Rolle für das Grund- und Sicherheitsbedürfnis des Menschen und ist somit ein Bedarf, welcher für jeden Menschen gleichermaßen zur Verfügung stehen muss. Dabei soll das einzelne Individuum selbst entscheiden dürfen, wo und wie es wohnen möchte. Das Konzept der inklusiven Wohngemeinschaft gestaltet sich aus einem Interesse der Deinstitutionalisierung von Menschen mit Behinderung sowie der Einforderung von Menschenrechten und baut auf eine Inklusion im Sozialraum auf. Dabei lässt sich die inklusive Wohngemeinschaft aus folgenden Kriterien zusammenfassen:

- Einforderung eines basalen Menschenrechts
- Die Wohngemeinschaft besteht aus Menschen mit und ohne Behinderung
- Menschen mit und ohne Behinderung können freiwillig ihre Wohnsituation auswählen und leben auf Augenhöhe mit anderen Menschen in der Gemeinschaft
- Der Bewohner hat das Recht auf ein selbstbestimmtes Leben
- Balance zwischen individueller Privatsphäre und gemeinschaftlichem Wohnen

- Notwendige Unterstützung von den Mitbewohnern wie auch besonderem Unterstützungsbedarf
- Teilhabe am gesellschaftlichen Leben und Einbindung in den jeweiligen Sozialraum

5.2.2 Beantwortung der Forschungsfrage

„Welche konzeptionellen Grundlagen brauchen inklusive Wohngemeinschaften um Inklusion im Alltag umsetzen zu können?"

Für eine vollständige Umsetzung der Inklusion, muss die Unterschiedlichkeit der Menschen als eine Bereicherung gesehen werden. Die inklusive Wohngemeinschaft, als Vertreter der Inklusion, befähigt die Wohnteilhabe des Menschen, am gesellschaftlichen Leben. Dabei braucht es spezielle, an das Handlungsfeld orientierte, Grundlagen um Inklusion gewährleisten zu können:

Im äußeren Rahmen eines Konzeptes der inklusiven Wohngemeinschaft, sollte auf Rechte Bezug genommen werden, die eine Rolle, im Handlungsfeld der inklusiven Wohngemeinschaft, spielen. Dadurch wird der Nutzen als eine Menschenrechtsgrundlage verstanden. Da sich die inklusive Wohngemeinschaft besonders als eine Wohnform für Menschen mit Behinderung anbietet, finden sich die entsprechenden wichtigsten **Gesetzeslagen im GG, BTHG, SGB IX und SGB XII** wieder.

Um Inklusion stets gewährleisten zu können, sollte eine **klare und einheitliche Definition**, über den Begriff, im Konzept des Trägers verankert sein. So erhält jeder Beteiligte die Möglichkeit sich an dem Inklusionsgedanken des Konzeptes zu orientieren. Auch dient die Definition zur möglichen Kontrollinstanz, ob die gezielte Inklusion vor Ort noch umgesetzt wird.

Die Idee der inklusiven Wohngemeinschaft zielt auf eine Inklusion die durch die Gemeinschaftlichkeit im Sozialraum entsteht. Daher sollte bei der Planung stets der Raum, wo die Wohngemeinschaft gegründet werden soll, eine wichtige Rolle spielen. Um Inklusion hier zu gewährleisten, sollte Im Sinne der **Sozialraumorientierung** ein geeigneter Platz im ‚Mitten-drin' gefunden werden. Findet sich nur Wohnraum Abseits, sollte ggf. mit dem Bau gewartet werden um spätere Folgen wie der Ausgrenzung auszulassen.

In der Wohngemeinde der inklusiven Wohngemeinschaft sollen Menschen mit und ohne Behinderung zusammen wohnen. Dort haben die Bewohner die Möglichkeit ihr eigenes Zuhause zu erschaffen. Damit die Wohnung für benachteiligte

Menschen nutzbar ist, muss sie **Barrierefrei** ausgebaut sein. Ebenfalls sollten pflegerische Maßnahmen im Zuhause des Leistungsbeanspruchten stattfinden können, um dem Menschen ein **Barrierefreies Leben** im eigenen Wohnraum gewährleisten zu können.

Für die Erhaltung der inklusiven Wohngemeinschaft, muss **Kostendeckend geplant** werden. Es sollten alle möglichen Faktoren der Einnahmen und Ausgaben berücksichtigt werden um nicht plötzliche Verluste in der Qualität der Inklusiven Arbeit von inklusivem Wohnen einbüßen zu müssen.

Das Konzept muss festhalten, wer der **Träger und Vermieter der inklusiven** Wohngemeinschaft ist. Dabei muss nicht zwingend der Träger als Vermieter stehen. Der Träger steht als Leistungsanbieter für die inklusive Wohngemeinschaft, muss aber, im Sinne des Inklusionsgedanken, offen dafür sein, wenn der Mensch mit Behinderung andere Leistung als die vom Leistungsträger angebotenen in Anspruch nehmen möchte.

Die verschiedenen **Aufgabenfelder der Eingliederungs- und Behindertenhilfe** im Bereich der inklusiven Wohngemeinschaft müssen im Konzept festgehalten und beschrieben werden. Dabei sieht sich der Träger als Leistungsanbieter und Organisator für externe Fachkräfte. Die Auswahl sollte stets bewusst, vorbereitet und kontrollierbar sein, da auf das Zusammenspiel der Ebenen Wohnen und Unterstützen, ein besonderer Balanceakt zu bewältigen ist.

Der Mensch ohne Behinderung leistet dem Mensch mit Behinderung Unterstützung. Festgehalten ist dies im Konzept und Vertrag des Bewohners. Dabei ist dringend zu beachten, dass der Bewohnende **Unterstützer kein Mitarbeiter** ist, sondern dies aus eigener **Freiwilligkeit** und nicht zu seinem eigenen Zwecke tut.

Die Inklusion in der inklusiven Wohngemeinschaft, wird vor allem durch die Gemeinschaftlichkeit und Unterstützung der Bewohner gelebt. Um eine „alleine sein" zu verhindern, sollten alle Bewohner der inklusiven Wohngemeinschaft einer **Tagesstruktur** folgen. Für eine Stärkung des **Gemeinschaftsgefühls** sollte auch der Putzplan und die Freizeitaktivitäten unter den Bewohnern gemeinsam strukturiert und gestaltet werden. Sollte die Gemeinschaftlichkeit mangeln, sollte der Träger der inklusiven Wohngemeinschaft als Unterstützer fungieren und entweder durch gemeinsame Gespräche und Aktivitäten eine **Vernetzung** unter den Bewohnern fördern oder ebenfalls durch gemeinsame Gespräche in der Wohngemeinde herausfinden, wo das Problem liegt.

5.2.3 Und zum Schluss...

Es muss festgehalten werden, dass ein Konzept oftmals nur die *saubere* Planung eines Handlungsfeldes ist. Doch in der praktischen Welt, in der Realität, erwarten einen immer unabsehbare und nicht planbare Ausgangssituationen. Daher muss das **Konzept stets anpassungsfähig** sein, um auf Fehler und Zielkonflikte entsprechend reagieren zu können. Als weiteren Forschungsbedarf und eine Anpassung der Konzeptgestaltung sehe ich hier die Problematik der Alterung des Menschen mit Behinderung. Wenn die Menschen mit Behinderung gemeinsam in der Wohnung altern und durch die Rente ihre Alltagsstruktur verlieren, wie kann Inklusion dann noch gelingen und welche neuen Probleme kommen dazu? Trotz der neu entstehenden und hier offenen Forschungsfrage, trägt diese Arbeit durch das zusammentragen von konzeptionellen Grundlagen, zu reichhaltigen Erkenntnissen für die praktische Bewusstseinswahrnehmung von aktuellen Geschehnissen der inklusiven Wohngemeinschaft bei.

Literaturverzeichnis

Aktion Mensch e.V. (Hrsg.). (o. J.). *Inklusion von Anfang an*. Aktion Mensch e.V. Abgerufen 10. Januar 2020, von https://www.aktion-mensch.de/dafuer-stehen-wir/vonanfangan.html

Bähring, K., Hauff, S., Sossdorf, M., & Thommes, K. (2008). *Besonderheiten der qualitativen Befragung von Experten in Unternehmen* (Artikel Nr. 1; S. 24). Friedrich-Schiller-Universität.

Beschreibung der Wohnformen für Behinderte und sachliche Zuständigkeit. (1987). Bundesarbeitsgemeinschaft der überörtlichen Träger der Sozialhilfe.

Bielefeldt, H. (2009). *Zum Innovationspotenzial der UN-Behindertenrechtskonvention* (3., aktualisierte Aufl.). Dt. Inst. für Menschenrechte.

Bogner, A., Littig, B., & Menz, W. (Hrsg.). (2002). *Das Experteninterview: Theorie, Methode, Anwendung*. Leske + Budrich.

Bücker, K. (2013). *„Taut die eisigen Mauern auf": Inklusives Wohnen für Menschen mit schweren geistigen Behinderungen in der Gemeinde auf Grundlage von Artikel 19 der UN-Behindertenrechtskonvention*. Diplomica Verl.

Die UN-Behindertenrechtskonvention, (2009). https://www.bmas.de/SharedDocs/Downloads/DE/PDF-Publikationen/a729-un-konvention.pdf?_blob=publicationFile&v=4

Epstein, A.-T. (2018). *Guetekriterien und Groundedtheory*. Qualitative und Quantitative Forschungsmethoden, Hamburg. https://ilias.hs-fresenius.de/goto_HSF_file_1560236_download.html

Fink, F., & Hinz, T. (Hrsg.). (2011). *Inklusion in Behindertenhilfe und Psychiatrie: Vom Traum zur Wirklichkeit*. Lambertus.

Flieger, P., & Schönwiese, V. (Hrsg.). (2011). *Menschenrechte - Integration - Inklusion: Aktuelle Perspektiven aus der Forschung*. Klinkhardt.

Fragen und Antworten zum Bundesteilhabegesetz. (2018). Bundesministerium für Arbeit und Soziales. https://www.bmas.de/DE/Infos/Impressum/impressum.html

Jerg, J., Armbruster, J., & Walter, A. (Hrsg.). (2005). *Selbstbestimmung, Assistenz und Teilhabe: Beiträge zur ethischen, politischen und pädagogischen Orientierung in der Behindertenhilfe*. VEG.

Kludas, E. in Fink, F., & Hinz, T. (Hrsg.). (2011). *Inklusion in Behindertenhilfe und Psychiatrie: Vom Traum zur Wirklichkeit*. Lambertus. (S. 233).

Kreft, D. (Hrsg.). (2010). *Methodenlehre in der sozialen Arbeit: Konzepte, Methoden, Verfahren, Techniken ; mit 1 Tabelle*. Reinhardt.

MA Diversität und Inklusion. (2020). Frankfurt University of Applied Sciences. https://www.frankfurt-university.de/de/studium/master-studiengange/diversitat-und-inklusion-ma/fuer-studieninteressierte/

Mayring, P. (2010). *Qualitative Inhaltsanalyse: Grundlagen und Techniken* (11., aktualisierte und überarb. Aufl.). Beltz.

Müller, W. (Hrsg.). (1997). *Duden, sinn- und sachverwandte Wörter: Wörterbuch der treffenden Ausdrücke* (2., neu bearbeitete, erw. aktualisierte Aufl.). Dudenverlag.

Scheichenberger, S., & Scharb, B. (2018). *Spezielle validierende Pflege: Emotion vor Kognition* (4. Auflage 2018). Springer Berlin.

Schirmer, D. (2009). *Empirische Methoden der Sozialforschung: Grundlagen und Techniken*. Wilhelm Fink.

Thesing, T. (1998). *Betreute Wohngruppen und Wohngemeinschaften für Menschen mit geistiger Behinderung* (3., neubearb. und erg. Aufl.). Lambertus.

Theunissen, G., & Schirbort, K. (Hrsg.). (2010). *Inklusion von Menschen mit geistiger Behinderung: Zeitgemäße Wohnformen, soziale Netze, Unterstützungsangebote* (2. Aufl.). Kohlhammer.

Theunissen, G. in Fink, F., & Hinz, T. (Hrsg.). (2011). *Inklusion in Behindertenhilfe und Psychiatrie: Vom Traum zur Wirklichkeit*. Lambertus. (S. 29 f.).

UN-Behindertenrechtskonvention—Schattenübersetzung. (2020). Verein für Menschenrechte und Gleichstellung Behinderter e.V. http://www.netzwerk-artikel-3.de/index.php/impressum

Wansing, G. (2005). *Teilhabe an der Gesellschaft: Menschen mit Behinderung zwischen Inklusion und Exklusion* (1. Aufl.). VS Verlag für Sozialwissenschaften.

Anhang

Interviewleitfaden und Transkripte

<u>**Konzeptfragen:**</u>

- **Wonach regeln Sie die Aufteilung der Bewohner von Behindertem und nicht behindertem Anteil?** -> Können Sie mir erzählen, wer hier so lebt? Aus welchen Gründen haben Sie sich für diese Einteilung entschieden?

- **Wie sieht hier vor Ort die Praxis für einen Sozialarbeiter aus (am Beispiel von IW)? Was macht ein Sozialarbeiter? (oder die Fachkraft/e die hier tätig ist)?**

- **Wie ist Ihre Einrichtung Strukturell aufgebaut?** -> Wie regelt sich die Wohngemeinschaft?

- **Kennen Sie unterschiedliche Projekte von IW mit mehr oder weniger Struktur und wenn ja, können Sie da einen Vergleich ziehen was besser greift?**

- Und zuletzt: **Orientiert sich Ihr/Dieses Konzept an bestimmten Fachlichen Bezugspunkten?**

  (z.B. Selbstbestimmung, Partizipation, Sozialraum etc.)(Inklusion: Begriff sehr groß, was verstehen Sie darunter?)

<u>**Rahmenbedingungen:**</u>

- **Welchen Beitrag leistet das BTHG zum IW? (Das neue SGB IX - BMAS)**

- **Welche Rolle spielt das Suchen von Wohnraum für inklusive Wohngemeinschaften?**

- War das schwierig oder welche Probleme gestalteten sich?

- **Wie könnte man den Zugang zu Wohnraum für Menschen mit Behinderung erleichtern?**

- **Was für Aufgaben hat der Träger einer Inklusiven Wohngemeinschaft? Wie ist das ganze finanziert? Und wovon ist der Erhalt einer IW abhängig?**

  -> Leistungsvereinbarungen?

Inklusionsfragen:

- **Welche Hürden entstehen bei der tatsächlichen Umsetzung von Inklusion?** Was müsste man verändern um mehr Inklusion zu ermöglichen
- **In Ihrem Verständnis, welchen Beitrag leistet ihr Angebot zur Umsetzung von Inklusion?**

Abschluss:

- **Bezüglich meiner Sorge, dass der Begriff von Inklusion in der heutigen Gesellschaft mehr als Modewort gilt, wie erleben Sie eine „Verwässerung" des Begriffs Inklusion in der heutigen Zeit?**
- **Wenn Sie sich das Interview durch den Kopf gehen lassen, gibt es etwas was wichtig ist aber noch nicht erfragt/ angesprochen wurde und Sie mir noch erwähnen wollen?**

Interviewer: Fabian Kropla	Interview - Kennzeichnung Interview 1 (I1)	Ausgewertet durch: Fabian Kropla	Erhebungsdatum: 13.11.2019
Interview- Absatznummer	**Transkription**		**Kategorie**
1	**Wie läuft hier ein „typischer" Alltag ab, wer lebt hier und wie läuft der Tag in der IW ab? (0:00 – 05:15)**		Struktur
2	Ambulanten Klienten regeln ihren Morgen selbst, bis auf eine Person die auf pflegerische Assistent angewiesen ist, genau da kommt dann extra eine Fachkraft von außen, darum kümmern wir uns. Und für die Menschen in den „besonderen Wohnformen", da gestalten dann drei Kollegen morgens im Dienst, die dann den Start in den Tag organisieren; also Pflege, Frühstück, anziehen. Dann kommen Beförderungsbusse von Werk/Tagesstätten, ehh, die die Menschen dann zu bestimmten Zeiten abholen und in ihre Tagesstruktur bringen. Viele Klienten arbeiten entweder auch in der Werkstatt, ehm auf dem 1. Arbeitsmarkt oder in irgend so einer unterstützten Eingliederungsform, so ähm, einige sind aber auch zuhause und haben im Moment nichts. Tagsüber sind dann die meisten Menschen nicht hier zu Hause und, ehm, sach ich jetzt mal, dann wird hier sauber gemacht und dann kommen die Menschen so nach und nach von ihrer Arbeit wieder. Die Menschen die hier immer Unterstützung brauchen, erhalten diese dann auch, also dann mit den Dingen die anstehen, also ob es pflegerische Sachen sind oder soziale, also, ne?, gemeinsames Kaffee trinken, ankommen und den Tag erzählen, gucken was wollen wir heute noch machen, KG besuche die anstehen oder das was dann so an Programm ist. Je nach Hilfebedarf gibt es für die Klienten einen „Tourenplan", bei dem eine Kollegin dann rumgeht und unterstützt dann in Form von Einzelstunden, wo sie dann eben Sachen lernen wie Zimmer sauber halten, wie kann ich mit Geld zurechtkommen, wie kann ich was anderes außer Pizza essen, Freundschaften pflegen, wie kann ich Behördenpost im Blick behalten, also so das ganz normale Unterstützungsprozedere. Ja und dann abends geht dann jeder zu Bett wenn's ihm passt. Die Kollegen die dann hier sind gehen dann um 21 Uhr und 1 Kollege bleibt dann hier, der um 20 Uhr kommt und ist bis 22 Uhr auf und, ehm, macht dann Nachtbereitschaft. Also schläft dann hier um, falls irgendwer ein Problem hat hier und ist dann am nächsten Morgen um 6Uhr – 9Uhr nochmal		Struktur Gestaltung

	aktiv. Das wäre so dann ein Tagesablauf hier. Am Wochenende ist das natürlich nochmal etwas anders, da muss niemand arbeiten. Die schlafen so lange wie sie wollen und starten in den Tag wie sie wollen. Ihre Freizeitaktivitäten werden alleine geregelt, dafür sind ja auch die Alltagsbegleiter da, es wird auf freier Basis besprochen was gemeinsam gemacht wird – wie man das so im normalen Leben eben auch tut.		
3	**Wonach regeln Sie die Aufteilung der Bewohner von Behindertem und nicht behindertem Anteil? (09:37 – 16:07)**		
4	Jede WG hat 2 Menschen mit und ohne Behinderung, daran an dieser Anzahl ändern wir nichts. Ansonsten wer hier wohnen möchte und ein Platz ist frei, ist es bei den ambulanten Klienten also bei denen die Unterstützungsbedarf haben, ist es so, dass ehm, wir bei „Leben mit Behinderung" eine zentrale Angebotsberatung haben und Interessenten sich dort melden und so. Von dort bekomme ich dann die Interessenten genannt, die aktuell für hier Suchen. In der WG selbst gibt es dann aber auch noch „WG-Castings", sodass die WG selbst entscheidet wer von den Bewerbern einziehen darf. Genauso ist das bei den Alltagsbegleitern. Wenn ein Platz frei wird in der Regel sorgen die dann selbst dafür, dass sie in ihren Netzwerken inserieren und dass die dann WG-Casting machen. Und darüber wird auch gewährleistet, dass da wirklich Leute gefunden werden die auch wirklich Bock auf dieses Lebensmodell haben. Also das Steuer Ich gar nicht. Die Klienten die hier wohnen haben ihren Mietvertrag direkt mit dem Vermieter (Bauherren) und wir sind im Grunde dann nur der Leistungsanbieter, nä, und ja da achte ich sehr drauf. Auch diese 10 Stunden der Woche von den Alltagsbegleitern, das überprüfe ich nur Stichpunktartig, letztendlich definiere ich nicht was ist Arbeitszeit und was nicht, ne, weil das ist schlecht zu sagen weil die sagen „ich bin doch hier zuhause und das quatschen am Küchentisch für mich eigentlich keine Arbeit", das lässt sich schwer definieren und ich möchte mich da auch nicht so einmischen.	Mitbewohnerwechsel WG-Autonomie Lebensmodell: Inklusiv Leistungsträger Alltagsbegleiter WG-Leben	
5	Letztendlich muss so eine Einrichtung sich auch rechnen, unsere Einrichtung läuft nicht Kostendeckend. Sollte es aber. Weil sonst, eh, ist dann natürlich schwierig. Dies hier ist ja jetzt nur ein Pilot Projekt gewesen und man überlegt natürlich noch mal weitere Projekte solcher Art aufzuziehen und da überlegt man aber tatsächlich nochmal, dass es besser wäre ehm wenn 5 Menschen in einer WG leben und 2 Alltagsbegleiter mit 3 Klienten zusammenwohnen zum Beispiel, also nä, also so dass sind so Erfahrungen aus unserer Zukunft oder aus dem wo wir denken, so dann, ehm das rechnet sich dann auch denn der Personaleinsatz und all diese Ganzen Dinge das muss man dann auch berücksichtigen. Denn die Kosten für die Alltagsbegleiter, da sie ja	Kostendeckend Perspektive Laufende Kosten	

		keine Mitarbeiter sind und auch nicht sein sollen, sind aber trotzdem da. Und das muss im Grunde, sach ich mal, mit eingespielt werden. Die Alltagsbegleiter übernehmen ja Dinge, die die Profis nicht machen müssen, nä, also Unterstützung, Teilhabe, da müssen wir dann nicht so viel machen das läuft sozusagen darüber.	Teilhabe
6		**Wie sieht hier vor Ort die Praxis für einen Sozialarbeiter aus (am Beispiel von IW)? Was macht ein Sozialarbeiter? (oder die Fachkraft/e die hier tätig ist)? (16:08 – 19:56)**	
7		Leiter und Stellvertretung sind Sozialpädagogen ehm und die eh Fachkräfte sind Erzieher, Heilerziehungspfleger und Pflegefachkräfte. Und Assistenzfachkräfte. Das Besondere dann eben ist, sag ich auch mal, dieses Arbeiten mit Alltagsbegleitern, und eh das heißt ehm so ne Balance hinzubekommen zwischen ehm der absoluten Freiwilligkeit des IW und ehm sach ich mal, den Erfordernissen: kommen sie auf ihre Stunden und sie auch zu unterstützen und Beraten mit den Klienten (Mitbewohnern). Auch sie selber nochmal untereinander stärker zu vernetzen, also sie dabei zu unterstützen, dass sie auch WG-Übergreifend was machen oder das sie auch mit den Leuten aus der besonderen Wohnform vllt. da Kontakte herstellen und da was gemeinschaftlich machen, so und sowas erfordert immer auch so ein Begleiten, so, ich treffe mich mit den auch immer 4 mal im Jahr ehm und mach ein Alltagsbegleitertreffen und so ne, aber wenn die vielleicht Konflikte in der WG haben, die sie selber nicht lösen können, ehm dann komme ich auch und moderier da, vermittle und Unterstütze so dass ehm braucht es auch. So und ehm deshalb ist das im Grunde sag ich mal begleitete Teilhabeberatung ehm so. Das wäre sag ich mal die besondere Tätigkeit hier in Bezug auf das Inklusive Wohnen. Also eher Menschen zusammen bringen, vernetzen, anregen ehm so weil solche Sachen schnell auch irgendwie dann verdümpeln und dann macht dann doch jeder nur so seins und weil keiner wirklich so richtig kontrolliert und so. Und ich trete ja den Alltagsbegleitern quasi auch als Vermieter gegenüber, so das heißt, wenn die in ihren Wohnungen irgendwas haben, irgendwie was nicht läuft, wo etwas repariert werden muss, ne wenn die Ein- oder Ausziehen, diese ganzen Übergangprotokolle dass sie die Wohnung auch streichen oder Küche putzen aber sonst misch ich mich da nicht ein auch nicht wie die sich selbst einrichten oder Ordnung halten, das ist alles Sache der WG da mische ich mich nicht ein.	Fachkraft Balanceakt Aufgabenbereiche Aufgabenbereiche Träger Aufgaben Aufgabenbereich Tätigkeiten der Fachkraft Autonomie mit Unterstützung
8		**Wie ist Ihre Einrichtung Strukturell aufgebaut? (20:14 – 24:20)**	
9		<u>Strukturelle Punkte die auf jeden Fall erforderlich sind, dass IW funktionieren kann:</u> Also alle Menschen müssen es wollen, das finde ich ist irgendwie das aller erste. Soziale Freude sollte vorhanden sein. Was mir auch weiterhin wichtig ist, das die Alltagsbegleiter nach Möglichkeit nicht einen sozialen Beruf erlernen ehm sondern eher alles was andere Studieren und so, um sag	Freiwilligkeit WG-Leben: Respekt

	ich mal so nicht, so ne, ehm so n verrutschen der Augenhöhe hinzubekommen, weil sie dann doch eher Fachlich auf ihre Mitbewohner gucken und nicht quasi als Private Personen reagieren sondern sich irgendwelche pädagogischen Konzepte überlegen ne also deshalb ist das aus unserer Erfahrung von Vorteil für Inklusives Wohnen wenn nach Möglichkeit sie diverse andere Berufe erlernen.	Risikofaktor Klient/ Mitbewohner
10	**Kennen Sie unterschiedliche Projekte von IW mit mehr oder weniger Struktur und wenn ja, können Sie da einen Vergleich ziehen was besser greift? (24:22 – 26:45)**	
11 12	ich habe keine persönlichen Kontakte zu anderen Projekten. Es gibt immer viele Menschen, die sich hier herkommen und sich hierrüber informieren, so und dann darüber höre ich wie die so darüber denken und planen. Es gibt eben Modelle, die dann aber die Alltagsbegleiter mehr in die Pflege mit einbinden wollen, was ich kritisch sehe ähm und ehm und ich weiß es gibt irgendwie auch in anderen Städten Modelle, ehm wo die Alltagsbegleiter tatsächlich noch mehr Fachleistungen in dem Sinne übernehmen sollen so und da bin ich kritisch im Denken weil das ist ja nicht Inklusiv, das ist wir tun so als ob so aber ehm das muss jedes Projekt für sich natürlich irgendwie gucken. Es gibt aber auch ganz selbst organisierte WGs, die quasi keinen Kostenträger oder Leistungsanbieter oder was haben, ne, es können sich ja quasi auch einfach Leute zusammen finden und sagen „wir ziehen zusammen" und sagen was du an Unterstützung brauchst irgendwie holst du dir ambulant und sonst wohnen wir einfach zusammen.	Nachfrage Inklusives Wohnen Verschiedene Konzepte Kritik Leistungsträger oder Privat
13	**Orientiert sich Ihr/Dieses Konzept an bestimmten Fachlichen Bezugspunkten? (26:46 – 28:11)**	Fachliche Bezugspunkte
14	Das Inklusive Wohnen versuchen wir irgendwie. Das ist unser Hauptschwerpunkt. Eh zu unsere sonstigen eh sag ich mal Schwerpunkten gehört, das was in der Behindertenhilfe grundsätzlich auch zu den Tätigkeiten gehört ne? Also Sozialpädagogische Einzelfallhilfe, wie auch immer Gruppenangebote eben aber auch ehm diese ganzen anderen Sachen der Leistungen der Eingliederungshilfe und Pflege. Also das ist dann wie in anderen Einrichtungen das gleiche, das was wir hier leisten und Anbieten ehm und das Prozedere ist dasselbe also mit dem Kostenträger des Beantragungswesen, Hilfepläne, Sozialberichte dieser Kreislauf bleibt das selbe und muss auch geleistet werden, das heißt also: Quartiersarbeit, ehm dem Menschen Teilhabe und Kontakte im Quartier zu ermöglichen ehm neben den ganz individuellen Zielen die erreicht werden müssen.	Inklusiv Wohnen Behindertenhilfe, Einzelfallhilfe Eingliederungshilfe Struktur Aufgabenbereiche Quartiersarbeit

15	**Welchen Beitrag leistet das BTHG zum IW? (Das neue SGB IX - BMAS) (51:25 – ENDE)**	Bundesteilhabgesetz
16	Betrifft mehr die Menschen in der besonderen Wohnform. Hat keine Auswirkung auf die ambulanten Klienten. Denkweise und formale Abrechnungsweise wird dadurch verändert für die besondere Wohnform.	Bundesteilhabgesetz
17	**Welche Rolle spielt das Suchen von Wohnraum für Inklusive Wohngemeinschaften? (28:31 – 29:24)**	
18	In Hamburg und Wohnraum ist schon ne schwierige Geschichte. Hier ist das aber so, dass die Stadtentwicklung sich sag ich mal in diesen neuen Baugebieten ehm es gut weiterentwickelt hat, also sag ich mal hier in der Hafencity ist das so, dass ebenso ne, dass alles was die Wasserseite und Ansicht hat, da sitzt das große Geld und Business ne. So aber in den 2. Und 3. Reihen, wer da bauen will MUSS für soziale Initiativen für Einrichtungen usw. mit bauen. So bilden sich private Eigentumswohnungen, Mietwohnungen, Arztpraxen, Restaurants und Einkaufsläden, Gemeinschaften und Nachbarschaften durch Genossenschaften und Bauherren, so ist hier Stadtentwicklung vorhanden wodurch sich eine Gemeinschaft bietet in der gegenseitiger Nutzen entsteht.	Großstadt Hamburg Stadtentwicklung
19	**Extra Bauherren Interesse Wohnraum IW (32:00 – 36:15)**	Perspektive für Inklusives Wohnen
20	Also nach meiner Erfahrung sind Bauherren erstmal grundsätzlich offen, so, wenn man den sag ich jetzt mal woran sie interessiert sind, das sie dann eine langfristige Planungssicherheit haben ne weil die dann auch sagen in ihrer Durchmischung pro Kalkulation nehmen wir so und so viele normale Miete oder so viel ist Kontingenz geförderter Wohnraum so, ne, die wollen ja auch Gewinne machen ebenso wie die SAGA oder so , das muss sich für sie rechnen und deshalb muss man dann einfach mit den reden und sagen wir hätten hier das, und das ist unser Plan und so weiter und so konkret wie irgendwie möglich.	Konzeptgestaltung
21	„Ich finde der Leistungsanbieter sollte nicht der Vermieter sein, ne dann sind schon wieder Interessenskonflikte da" (34:3 – 34:38) Du darfst hier wohnen aber dann musst du auch unsere Leistung nehmen, da ist so ne Knebelung drin. Aber hier so können unsere Klienten sagen, sie möchten einen anderen Dienst nehmen und wir sollen sie nicht mehr betreuen, ne dann könnten wir sie aber nicht herausschmeißen weil den	Konflikt: Vermieter + Leistungsträger

#		
	Mietvertrag haben sie mit dem Bauherren. So ist mehr Freiheit drin. Zwar ein Risiko für den Träger aber auch ein kalkulierbares weil wir im Kontakt mit dem Menschen sind.	
22	**Wie könnte man den Zugang zu Wohnraum für Menschen mit Behinderung erleichtern? (36:17 – 40:27)**	
23	Also ehm ich finde das Inklusiv Wohnen auch seine Grenzen hat. Z.B. wenn die Menschen n hohen Hilfe und Pflegebedarf haben und nicht kommunizieren können, wird's schwierig, weil das auch eine ganz klare Aussage der Alltagsbegleiter ist, es geht ihnen auch um ein gemeinschaftliches Leben durch Kommunikation, außerdem wäre es störend wenn im privaten Raum immer noch störendes Assistent Personal den ganzen Tag umher tickt. Diese Aussage ist wichtig finde ich.	Grenzen Kommunikation Balanceakt WG-Leben Störfaktor - Fachkraft
24	**Was für Aufgaben hat der Träger einer Inklusiven Wohngemeinschaft? (40:32 – 41:45)**	Aufgaben
25	Wir bieten den Rahmen. Ein Träger ist eher in der Lage so ein Programm zu initiieren und die Projektkapazitäten und so was zur Verfügung zu stellen.	Leistungsträger
26	**Wie ist das ganze finanziert? Und wovon ist der Erhalt einer IW abhängig? (42:00 – 45:16)**	Finanzen
27	Im Grunde wie jeder andere Lebensbereich auch, du musst deine Miete finanziert kriegen und dein Essen bezahlt kriegen und deine Freizeit & Teilhabe irgendwie ermöglichen und bei den Menschen mit Unterstützungsbedarf eben auch nochmal ne, was brauchst du noch an Pflegerischer und Pädagogischer Unterstützung? So diese Sachen müssen irgendwie finanzierbar sein. Menschen mit hohem Hilfsbedarf erhalten Einkäufe durch den Träger.	Kostendeckend Selbstbestimmtes Leben
28	**Welche Hürden entstehen bei der tatsächlichen Umsetzung von Inklusion?(45:22 – 49:45)**	Probleme
29	Also wichtig ist im Vorfeld, ehm dass die Erwartungen und die Möglichkeiten dessen was geleistet werden kann gut geklärt werden so. Hier ist es so gewesen n „Leuchtturmprojekt". Das gab's noch nie, wir machen hier was ganz besonderes, alle halten ihr Gesicht in die Kamera (…) und es wurde am Anfang sehr viel versprochen, ehm was mit diesem Konzept alles möglich sein kann, so. Ehm und dann kommt die Wirklichkeit die eben so aussieht wie überall auch in der Behindertenhilfe: Fachkraftmangel, unbesetzte Stellen, ALSO der größte Brocken gibt's mit Zielkonflikten. Die Angehörigen von behinderten Menschen sind im sag ich mal permanent im „Kampfdauermodus" um für ihr Kind etwas zu erreichen- das müssen sie auch sein finde ich. Um für ihre Kinder das Maximum zu erreichen sehr viel Energie und Kampf! Wenn dann solch ein Projekt kommt und den Eltern dann soviel verspricht, dann hat man ein Thema. Das klassische Thema was überall ist und	Zielkonflikt: Realität vs. Planung Betroffene Erwartungshaltung (Zielkonflikt)

hier nochmal verschärfter Aufritt ist, wenn ein Projekt mit jungen Menschen startet die alle von zuhause ausgezogen sind ehm kommen die Zielkonflikte „Oh geil eigene Bude, kann ich jetzt machen was ich will aber nicht sauber machen…" Gleichzeitig Eltern die sich dann immer noch intensiv kümmern die oft auch noch die gesetzlichen Betreuer bleiben.. Erwartungshaltung der Eltern „Mein Kind lebt hier in schimmligen Pizzakartons, Sie kriegen hier so viel Geld, was machen Sie hier eigentlich? Und eh machen sie mein Kind glücklich und gut versorgt". Beratung JA aber wir können die Kinder nicht dazu zwingen! Autonomie leben aber nicht vorgeben!	Konflikt: Ausziehen Autonomie leben

Interviewer Fabian Kropla|	Interview - Kennzeichnung Interview 2 (I2)	Ausgewertet durch: Fabian Kropla	Erhebungsdatum: 14.11.2019
Interview- Absatznummer	Transkription		Kategorie
1	Wie läuft hier ein „typischer" Alltag ab, wer lebt hier und wie läuft der Tag in der IW ab?		Struktur
2	Unser ganzer Ansatz ist ja (...) wir sind die erste ambulante Betreute Wohngemeinschaft in Hamburg und dieses ambulante hat für uns immer die Voraussetzung gehabt, dass die Menschen die hier leben nicht den ganzen Tag zuhause hier sind, das heißt das sie alle irgendwo arbeiten gehen ob in der Werkstatt oder auf dem freien Arbeitsmarkt und so ist das ganze eigentlich konzipiert. Das heißt wir haben eine Betreuungsgesellschaft die heißt „Mittendrin GmbH" die sitzt hier in Allermöhe mit der arbeiten wir zusammen und die stellen die Soz. Betreuer her. Die sind 4 Stunden von Mo-Sa hier und am Sonnenabend sogar 5 Stunden immer nachmittags, dann wenn alle wieder eintrudeln. Die kochen dann hier zusammen und naja die führen hier ein Familienleben, ja und die streiten sich auch und vertragen sich und stehen alle füreinander ein, wenn's wirklich drauf ankommt. (3:35 – 04:50) „Also meine Tochter geht nach Hause, wenn sie bei mir war will sie nach Hause und nicht etwa nach bei uns zuhause und das schon lange nicht mehr. Sie will zu ihren Freunden und da fühlt sie sich wohl." (04:51 – 05:03) Die Bewohner übernehmen ne ganze Reihe von Aufgaben für die Wohngemeinschaft. Sie müssen die Grundreinigung machen, selber waschen, selber in ihrer eigenen Wohnung grundreinigen und dann kommt noch ein Reinigungsdienst der aus der Pflege gezahlt wird, der hier noch die notwendigen Verbesserungen durchführt, sagen wir mal. Sie kaufen ein, für das Wochenende wird gekocht. Dann werden Pläne gemacht genau mit Einkaufszetteln (...) also es gibt ne Reihe von Aufgaben und das ist auch belastend zum Teil, weil z.B. meine Tochter um 7:30 anfängt bis 15:30 dann ist sie 16:15 hier, wenn sie dann noch sehr viel machen muss für den Tag, dann bleibt nicht mehr viel für sonst was und wenn sie sich abends ne Stunde hier zusammensetzen, ist das okay.		Tagesstruktur Unterstützung WG-Leben Zitat eines Betroffenen Struktur WG-Leben

		Zitat
	(05:54 – 07:01) „Ein strukturierter Alltag ist notwendig und muss sein, Wohnassistenz organisiert das hier." (07:03 – 07:19)	
3	**Wonach regeln Sie die Aufteilung der Bewohner von Behindertem und nicht behindertem Anteil?**	
4	Die WG besteht seit 2001 und hat bisher nur einen Mitbewohnerwechsel gehabt. Demnach wohnen 6 der 7 Bewohner seit 18 Jahren dort und die Frage bzgl. Neuer Mitbewohner gab's bisher nicht, da die Gemeinschaft zusammen altert und lebt. Dennoch eine Antwort wie es denkbar aussehen würde: Also ich denke man würde versuchen über den Verein jemanden zu finden, eine Vorauswahl, dann würde man diese Person den Bewohnern präsentieren und dann wird gemeinsam entschieden ob der passt oder nicht. Dann würde es auf jeden Fall ein Probewohnen geben für beide und danach würde man sagen ja passt, passt nicht, hat Geld kann Miete zahlen dahin ist ja auch die Frage, er/ sie muss ja auch ins Konzept passen, dass er Arbeit hat und erst Mittags betreut werden kann, dann gibt's ne Reihe von Rahmenbedingungen.	WG Casting
5	**Wie sieht hier vor Ort die Praxis für einen Sozialarbeiter aus (am Beispiel von IW)? Was macht ein Sozialarbeiter? (oder die Fachkraft/e die hier tätig ist)?**	
6	Die Fachkräfte sind für die Organisation der WG zuständig. Die machen Pläne, Kalender, Einsatzpläne, Reinigungsplan aber sie sind natürlich auch dafür da einfach Gespräche zu führen und die Sorgen und Nöte zu übernehmen, so das ist das. Das ist das was die hier machen. Oder sie gehen morgen mit allen auf den Dom oder solche Sachen. Dafür sind sie da. Fachkräfte von Mittendrin: Erzieher, Pädagogen, (15:15) Pflege kommt von einer Pflegegesellschaft, die kommen hier zu den Leuten die einen Pflegegrad haben, Zahlung aus der Pflegekasse (ab 15:33)	Fachkraft Aufgaben Berufsbild Mitarbeiter Externe Bereitschaft
7	**Wie ist Ihre Einrichtung Strukturell aufgebaut?**	
8	Struktur ist ein Muss!	Struktur
9	**Kennen Sie unterschiedliche Projekte von IW mit mehr oder weniger Struktur und wenn ja, können Sie da einen Vergleich ziehen was besser greift?**	
10	Nein.	

		Fachliche Bezugspunkte
11	**Orientiert sich Ihr Konzept an bestimmten Fachlichen Bezugspunkten?**	Fachliche Bezugspunkte
12	Wollten möglichst ein Konzept haben, in dem Behinderte und Nicht-behinderte Menschen zusammen wohnen können, das hat letztendlich aber nicht geklappt. Wieder Eingliederungshilfe, Konzept der Betreuung	Eingliederungshilfe, Betreuung
13	**Welchen Beitrag leistet das BTHG zum IW? (Das neue SGB IX - BMAS)**	BTHG
14	Also wir haben eigentlich nur Sorge, dass ein neuer riesiger Verwaltungsaufwand aufgebaut wird und wir warten ab bis die Stadt HH überhaupt ein Konzept entwickelt hat. Es gibt zwar ein Rahmengesetz aber uns ist nichts bekannt, dass das schon bereits in ein Ländergesetz umgewandelt wurde und erst wenn es ein Ländergesetz ist, müssen wir uns ernsthaft damit auseinandersetzen und erfahren was bedeutet das für uns. Der Rahmen ist sehr grob gesetzt. **Thematik zeigt hier nochmal die Schwierigkeit der Länderspezifischen Unterteilungsrichtlinien von Gesetzen – wieso nicht Deutschlandweit?** „Und wenn alle Gesetzlichen Grundlagen fertig sind, dann haben sie 16 verschiedene." (30:55 – 30:57)	Konflikt Länderübergreifend Zitat
15	**Welche Rolle spielt das Suchen von Wohnraum für Inklusive Wohngemeinschaften?**	
16	Generell ist es schwierig für HH Wohnraum zu finden. Und für IW kann ich mir vorstellen oder auch einfache Integrative Wohngemeinschaften, dass muss unheimlich viel Arbeit sein. Wenn die Leute vom freien Wohnungsmarkt, dass die überhaupt genommen werden von den Vermietern und dass die auch anerkannt werden von den Leuten mit denen sie zusammen wohnen.	Großstadt Hamburg Akzeptanz von Menschen mit Behinderung
17	**Wie könnte man den Zugang zu Wohnraum für Menschen mit Behinderung erleichtern?**	
18	Also ich könnte mir nur vorstellen, weil wenn das private Vermieter sind, das man ein, ein Programm findet dass dem Vermieter einen Vorteil verschafft, ob der finanzieller Art ist oder sonst irgendwie, damit der n Anreiz hat diese Gruppe auch zu nehmen und nicht, sag ich mal, ne reine Studentengruppe. (33:49 – 34:43)	Konzeptgestaltung Attraktivität gestalten
19	**Was für Aufgaben hat der Träger einer Inklusiven Wohngemeinschaft?**	
20	Verein ist der Träger, wir unterstützen aber wir organisieren nicht für den einzelnen. Jeder hat seinen gesetzlichen Betreuer und ist dafür Zuständig alles Erforderliche zu machen. Aber es gibt immer wieder Situationen wo der Verein wirklich gefordert ist, so wie jetzt auch. Wir haben 2 schwere Krankheitsfälle hier, einen sehr psychisch krank und das belastet die WG sehr und da sind wir sehr sowohl emotional als auch zeitlich sehr ausgelastet hier.	Aufgaben Träger

21	Man kann zusammenfassend sagen, es gibt eine Lücke; es ist nicht vorgesehen, dass jemand geistig behindert und psychisch krank ist und das macht enorm viele Schwierigkeiten das die Krankenhäuser, die erklären sich einfach für unzuständig mit folgender Argumentation: „Denn der behinderte, geistig behindere kann ja gar nicht kapieren, was der Psychologe ihm sagt". Was eine Frechheit ist, die sollen einmal hierher kommen und sich das hier mal angucken. **(39:04 – 39:14)** **ab (47:30 – 48:02)** „Das Problemkind ist dadurch entstanden, weil sie in Rente geschickt wurde und dadurch von morgens bis mittags niemand da ist für sie." Das ist eine lange Zeit in der sich niemand um sie kümmert und sie leider alles Mögliche kann aber nicht sich selbst beschäftigen ist das Problem mit aller Voraussicht nach entstanden und da machen wir uns auch relativ viele Gedanken, wie das da dann weitergehen kann. Da muss ein Konzept her, wenn die Betreuten älter werden und in Rente gehen.	Übergang Alter Interessantes (neues) Thema
22	**Wie ist das ganze finanziert und Wovon ist der Erhalt einer IW abhängig?**	
23	Also der Bedarf an solchen Wohnraum ist glaube ich sehr groß, also wenn hier einer oder mehrere Ausziehen würden, würde man auch schnell wieder jemanden finden. Das würde das ganze wahrscheinlich auch wieder verjüngen (lacht), die sind alle ja inzwischen 40 oder 50 sogar. Was noch dazu kommt, der Verein muss jung bleiben. Der Verein finanziert das ganze hier aber wo bekommt der Verein sein Geld her? Der Verein muss auch Personen finden, die sich der Mühe unterziehen wollen das ganze hier weiter zu machen. Wir brauchen aus der nächsten Generation aktiv junge Mitglieder für den Verein. Das allgemeine Problem aller Vereine meiner Sicht ist Veralterung. Notfalllösung (45:48): Wenn der Verein aufgelöst werden muss, dann geht das über an Leben mit Behinderung, so steht das im Mietvertrag drin als Sicherheit für den Vermieter, der an uns vermietet. „Ja das, puh, wovon ist der Erhalt abhängig, ist eigentlich tatsächlich eine Frage was machen die Leute, die eben unsere Nachfolger sind und ansonsten würde ich tatsächlich versuchen den Verein in einen anderen Träger zu überführen, eigentlich Leben mit Behinderung das ja n riesiger Elternverein und die wären dem ja glaub ich auch nicht abgeneigt wenn sie das übernehmen	Nachfrage Wohlfühlfaktor WG-Leben Verein von Betroffenen Vereins Probleme Zukunft Inklusives Wohnen Zitat

24	könnten." (46:50 – 47:18) **Welche Hürden entstehen bei der tatsächlichen Umsetzung von Inklusion?**	
25	<u>Integration vs. Inklusion</u> (51:10 – 51:48) In meiner Sicht gibt es einen ganz wesentlichen Unterschied zwischen Integration und Inklusion, das ist ein Perspektivenwechsel. Ehm wir haben in der Integration versucht unsere Betreuten so normal wie möglich zu machen. Soweit wie irgendwie, ging das ist uns mehr oder weniger so gelungen. Die Inklusion setzt einen anderen Blickpunkt. Die sagt die Gesellschaft soll die Behinderten annehmen wie sie sind. Das heißt also das ist eine gesellschaftliche Aufgabe mit den behinderten so umzugehen als wären sie, als gäbe es keinen Unterschied im Prinzip zwischen dem sogenannten normalen und dem behinderten. Und da fehlt es noch viel.	Inklusion vs. Integration Perspektivenwechsel Gesellschaft sensibilisieren
26	**In Ihrem Verständnis, welchen Beitrag leistet ihr Angebot zur Umsetzung von Inklusion?**	
27	Den Menschen mit Behinderung ein normales Leben zu gewährleisten, welches sich in freier Gestaltung zeigt. Sie leben hier frei und werden von der Gemeinde wahrgenommen und akzeptiert.	Autonomie Teilhabe
28	Damals hatten alle Menschen hier Anspruch auf eine stationäre Betreuung (24 Std.) aber die Eltern wollten was ambulantes nichts Stationäres und das musste erstmal akzeptiert werden. Daher wurde ein Konzept entwickelt welches der Stadt vorgezeigt wurde. Hier ist wieder ein Kämpfen der Eltern für ihre Kinder zu erkennen und rauszuhören (23-26. Minute)	Betroffene Kampf

Interviewer: Fabian Kropla	Interview - Kennzeichnung Interview 3 (I3)	Ausgewertet durch: Fabian Kropla	Erhebungsdatum: 21.11.2019
Interview- **Absatznummer**	**Transkription**		**Kategorie**
1	**Wie läuft hier ein „typischer" Alltag ab, wer lebt hier und wie läuft der Tag in der IW ab?**		
2	Im Setting vor Ort: Im Prinzip haben wir das hier so, also ich gehe arbeiten an meinen Diensten, mein Sohn (12) ist auch selbstständig macht sich fertig, geht zur Schule, hat seine eigene Freizeitplanung, die Nikki (Behindert, Mitbewohnerin) arbeitet mit ihrer Assistenzkraft zusammen, die sind komplett autark wie sie ihren Tag gestalten wollen und manche Sachen machen wir einfach zusammen. Kann aber es ist kein muss. Es gibt keinen Putzplan, jeder packt wie er Zeit hat mit an. Bis jetzt läuft es ohne dass wir uns absprechen müssen. Jeder kann auf sein Zimmer gehen wenn er Rückzug braucht. **(01:00 – 01:58)**		Autonomie Struktur Respekt
3	**Wonach regeln Sie die Aufteilung der Bewohner von Behindertem und nicht behindertem Anteil? (2:18 – 05:03)**		
4	Also wir werden die Konstellation, also es basiert immer auf einen schwer behinderten. Menschen mit Schwer Behinderung hatten sonst keine Chance in Alternative Wohnform zu kommen, das ist einfach nicht machbar. Weil du den Pflegebedarf der Person nicht abdecken konntest mit den Kosten, das ging einfach nicht, das geht nur im stationären Setting. Auch eine Schwierigkeit ist hier die Rund-um-Uhr Betreuung, nä? und deswegen ähm werden unsere 2 Wohngemeinschaften jeweils einen schwer behinderten Menschen haben (Pflegegrad 5), zwei Menschen mit mittelschwerer Behinderung und zwei leichte behinderte Menschen (leichte geistige Behinderung) die können auch Selbstständig leben. Ein schwer behinderter, weil das sonst kippt. Einmal vom Miteinander und auch von den Kosten, ne? Es müssen 2 WGs sein, damit die Nachtschicht gezahlt werden kann, für eine Rund-um-Uhr Betreuung, die ist das teuerste und bricht den meisten das Genick.		Alternative für Menschen mit Behinderung Kostenfaktor Pflege Finanzen & Kosten Aufgabenbereich

#		
	05:04 – 05:45 Menschen mit starker Behinderung, die aber kognitiv topfit sind (Können sprechen und sind geistig fit) diese verfügen über „Anleitungskompetenzen" und können dann alleine leben mit persönlicher Kompetenz aber das Schaffen nur die wenigen. Sobald du aber etwas mehr beeinträchtigt bist hast du keine Chance und bist im stationären Setting! 05:50 – 06:02 Das Schöne an dem Projekt ist ja, dass du… Du hast Pflegefachkräfte, du hast Pädagogische Fachkräfte, du hast die Studenten und dadurch, ähm, verteilt sich das so auf alle Schultern.	IW = Ambulantes Setting Gemeinschaftsleben
5	**Wie sieht hier vor Ort die Praxis für einen Sozialarbeiter aus (am Beispiel von IW)? Was macht ein Sozialarbeiter? (oder die Fachkraft/e die hier tätig ist)? (24:30 – 26:00)**	
6	Das ist der schwierigste Job ne, weil du musst ja für jeden auf seine Bedürfnisse gucken, zu gucken wie du das ehm hinbekommst ehm dass die sich trotzdem gut verstehen und das es nicht kippt. Ich glaube das ist ein ganz schwieriger Job. Da braucht es auch einen der diesen Hauptjob übernimmt das zu koordinieren, Ansprechpartner zu sein, zu gucken wie man Konflikte löst dass der auch organisiert, dass es Abends einen Runden Tisch gibt wo alle das was gut läuft und das was schlecht läuft zusammenführt und ne Art Supervision macht, ich glaube das ist der schwierigste Job da. Die Pflegekräfte könnten genauso mit intervenieren aber sind meistens ja doch so in ihrem Bereich.	Balanceakt Fachkraft Aufgabenbereiche Aufgabenbereiche
7	27:12 – 28:10 Das Konzept ist ja auch so, dass die versucht haben so viel wie möglich zu trennen: Die Studenten wissen die machen ihre 10 Stunden ansonsten können die auf ihrem Zimmer bleiben, weg gehen, Party machen oder sie gesellen sich dazu weil es einfach so ein netter Abend ist. Das jeder weiß, da kann ich mich abgrenzen „ich habe meine 10 Stunden" und deswegen kommen dann auch die Pädagogischen Kräfte rein und ehm die Pflegefachkräfte. Wo bei den Pädagogischen Kräften natürlich auch noch die Aufgabe kommt, zu gucken „wo braucht jmd. Noch was" oder „warum passt das jetzt hier gerade nicht, was läuft da gerade verkehrt" und muss dann auch gucken, dass er bei der Behörde vielleicht mehr Fachleistungsstunden beantragt.	WG-Leben Autonomes Leben
8	**Kennen Sie unterschiedliche Projekte von IW mit mehr oder weniger Struktur und wenn ja, können Sie da einen Vergleich ziehen was besser greift? (30:28 – 32:34)**	
9	Es kommt drauf an wie groß die sind. Wenn die groß sind geht es nur so (mit Struktur). Solch eine Größe an WG, dass musst du Leiten. Und dann hast du Klein-Einheiten, die kriegen das für sich hin ohne Struktur, das kommt drauf an auf die Konstellation. (…) Spätestens bei schwerer betroffenen	Struktur Leiten

		wird's Zeit, dass du einen Ansprechpartner hast, dass du irgendeine Pädagogische Kraft noch hast, die du nochmal Rückfragen kannst oder so.	
10		**Orientiert sich Ihr/Dieses Konzept an bestimmten Fachlichen Bezugspunkten? (ab 34:28)**	
11		Also wir wollen ja Mehrgeneration unter einem Dach haben, integriert mit Menschen mit Behinderung und Studenten. Also Junge, Alte, Behinderte alles wird dort zusammenlaufen und ehm, genau also es geht ganz klar um <u>Sozialraumorientierung</u>! Für uns war halt auch wichtig, wir wünschen uns, dass die hier so leben, dass die zum Stadtzentrum können, dass die direkt Mittendrin ganz zentral sind.	Inklusives Wohnen Sozialraumorientierung Mittendrin
12		**Welchen Beitrag leistet das BTHG zum IW? (Das neue SGB IX - BMAS) (ab 40:25)**	
13		Naja, ehm wir können jetzt mehr Druck ausüben. Die zweite Stufe ist jetzt, quasi 2020, und betrifft das wohnen. Und da können wir ganz klar sagen, dass wir das ehm einfordern können.	BTHG Veränderungen
14		**Welche Rolle spielt das Suchen von Wohnraum für Inklusive Wohngemeinschaften? (53:02 – 58:40)**	
15		Du hast halt in Ballungsgebieten wie Hamburg und Speckgürtel Hamburg Probleme Grundstücke zu finden (frei & Bezahlbar). Und ehm dann ist das kleinere Problem doch eher, dass der Stadtentwicklungsausschuss sagen muss ob es an dieser Stelle genehmigt wird. Das es genehmigt wird ist, glaub ich, eher ein kleineres Problem geworden, sondern der Standort, ob es in den Stadtplan reinpasst. Das größte Problem ist es doch, bezahlbares Grundstück zu finden. **(19:20 – 19:59)** Wir haben jetzt auch ein Angebot von der Lebenshilfe hier in Schenefeld bekommen, die hat ein Riesen Grundstück und da möchten Sie, dass wir da mit bauen, dass wir quasi mit in ihrem Konzept quasi dort bauen. Ja das wird da aber ein Behindertendorf, ja. Das wird das klassische Behindertendorf, wo sie uns mit drauf setzen wollen. Und das genau wollen wir nicht, wir wollen die Durchmischung. Das ist ja nichts mit Integration/ Inklusion.	Hamburg Großstadt Stadtplanung Bezahlbares Wohnen Institutionalisierung
16		**Wie könnte man den Zugang zu Wohnraum für Menschen mit Behinderung erleichtern? (58:50 – 1:02:35)**	
17		Es ist halt so dass es für Menschen mit Behinderung kaum eigenständigen Wohnraum gibt. Und es gibt ganz wenig bezahlbaren, barrierefreien Wohnraum und daher bekommen diese kaum/keinen Wohnraum. <u>ABER</u> wenn du betroffen bist, da gibt's immer Peer-Groups, und dann bist du auch	Autonomes Wohnen für Menschen mit Behinderung

		umfassend informiert darüber was es gibt und was möglich ist. Ich glaube eher, dass es für die nicht zugänglich ist oder schwierig ist, die bisher oder jetzt schon in stationären Einrichtungen leben. Ich glaube nicht unbedingt, dass das denen schmackhaft gemacht wird, gezeigt wird. Die haben ja auch noch ne ältere Generation die zu alt ist, ja, die sich selber auch nicht damit beschäftigen. Aber wenn du jetzt ehm die letzten Generationen die sind alle so gut informiert und vernetzt durch Facebook, diese Verknüpfungen, das geht so rasen schnell und ehm die Eltern sind engagiert und die Kinder selber. Doch die sind alle gut informiert. Das betrifft eher die die alte Eltern haben oder in stationären Settings sind. Die werden das nicht unbedingt wissen, dass es noch andere Wohnformen gibt. Das sind Wirtschaftsunternehmen, die wollen ihre Betten ja belegt haben.	Leute erreichen Perspektive durch Social Media?
18		**Was für Aufgaben hat der Träger einer Inklusiven Wohngemeinschaft? (1:09:23 – 1:13:52)**	
19		Verein = Träger (hier) Der Verein vermietet und stellt das Personal ein. Es kann aber durchaus sein, dass wir mit der Diakonie zusammen kommen und die Pflegekräfte und Pädagogischen Fachkräfte über die Diakonie laufen und wir die ganzen Einstellungen, Akten, Abrechnung von der Hacke vom Verein ab haben. Der Vertrag läuft zwischen den Bewohnern und dem Verein. Unsere Investorin der zwar das Gebäude gehört, die will nichts mit dem Tagesgeschehen der IW zu tun haben. Wir gucken wer von den Menschen zusammenpasst, dann die Auswahl Bewerbungsgespräche mit den Studenten, Interaktionen und Zusammenbringung der Bewohner, Nachbarschaftsaktivitäten und Vernetzung. Ob wir komplett alles machen, wissen wir aber noch nicht, wenn die Eltern und Vereinsmitglieder alle so ausgeschöpft sind, dass wir einen Teil an einen Träger abgeben würden wegen dem Verwaltungsaufwand. Die Bestimmung über das Personal bleibt aber bei uns.	Aufgaben Träger Vernetzung Vereinsaktivitäten
20		**Wie ist das ganze finanziert? Und wovon ist der Erhalt einer IW abhängig? (1:14:00 – 1:20:00)**	Finanzen
21		Bau durch Investorin. Also es ist so, der Wohnungspart wird durch die Grundsicherung gezahlt und damit deckt sich das was wir der Investorin schuldig sind. Wohnraum wird beglichen durch die Grundsicherung. Der andere Teil das läuft so, dass die Studenten bekommen einen Teil des Pflegegeldes und zahlen das als Miete. So wird das gegen gerechnet (Gegenleistung 10std/ Woche = Wohnen für Hilfe). Die anderen Kosten (Personalkosten der Fachkräfte usw.) werden durch das persönliche Budget gezahlt. Es ist ja so, dass in so nem Inklusiven Konzept (IWG), wohnst du mit dem persönlichen Budget. Wenn du in nem stationären Setting ziehst, dann wird ein Träger Budget von der Behörde zur Verfügung gestellt.	Grundsicherung Pflegegeld Mitbewohner, WG Aufgaben

22	<u>Erhalt:</u> Das es überhaupt funktionieren kann, es müssen alle mit Herzblut daran sein, das ist der Ursprung des Inklusionsgedanken. Die Konstellation muss gut sein. Dann mit der Leitung, eine Person die immer guckt wo gerade was ist und was machen kann. Aktivitäten gehören dazu, das ist ganz wichtig, dass wir da als Verein zusammen miteinander machen. Ja ich glaube das ist es. Feuer und Leidenschaft, ne.	Freiwilligkeit Träger Aufgaben Vereinsaktivitäten
23	**Extra: Wandel, junge Menschen zu finden (erhalt für IWG)? (1:19:01 – 1:22:20)**	Perspektive IW
24	Also ich glaube einfach das wird nicht passieren. Ich glaube auch, dass man immer jemanden findet der interessiert ist an dieser Wohnform. Ich glaube was wirklich für uns schlägt ist auf jeden Fall die Wohnungsnot hier, kein bezahlbarer Wohnraum, überleg dir doch mal wie sollen sich die Studenten oder jungen Azubis hier, wo willst du denn wohnen? Da finden wir denke ich immer Leute. Ich glaube auch, dass die junge Generation da aufgeschlossener und bewusster ist, dass jeder mal bock haben das auszuprobieren. Uns ist auch von Anfang an klar, dass keiner da länger als zwei Jahre wohnt. Das ist so der Schnitt, die Erfahrung die gemacht wurde, das ist auch okay so, weil nach 2 Jahren wollen die Menschen ohne Behinderung auch raus. Die Menschen mit Behinderung werden eher für immer dort wohnen. Aber dann kann ja auch mal ein fitter Rentner rein, der vllt. etwas Ruhe ausstrahlt rein? Da habe ich überhaupt keine Bedenken. <u>Wohnsinn.org zeigt ja das es klappen kann!</u>	Nachfrage Inklusives Wohnen Bezahlbarer Wohnraum Student Spezielle Wohnform Perspektivenwechsel WG-Leben Mehrgeneration Finanzierung
25	Zuschüsse über Stiftungen, (Aktion Mensch), Stadt/ Behörde, Einrichtungen	
26	**Welche Hürden entstehen bei der tatsächlichen Umsetzung von Inklusion? (1:26:12 – 1:28:51)**	
27	Das Bewusstsein der anderen Menschen. Man muss schon erstmal auf die ganzen Leute zugehen und ihre Berührungsängste nehmen (Sensibilisieren). Das tun wir ja auch aktiv mit dem Verein. Aber es hat sich viel getan es sind auch schon viele Sensibilisiert. Die abzuholen und ihnen entgegen kommen mit den Ängsten.	Inklusion Bewusst nehmen Vereinsaktivitäten Probleme Behinderung Sensibilisieren
28	**In Ihrem Verständnis, welchen Beitrag leistet ihr Angebot zur Umsetzung von Inklusion?** **(ab 00:07 Aufnahme 2)**	
29	Wir leben dann Inklusion ne und zeigen wie es funktionieren kann. Das war mir wichtig, zu zeigen, dass das funktioniert. Mit gegenseitiger Unterstützung und Vernetzung mitten im Sozialraum.	Inklusion leben Sozialraum

30	**Bezüglich meiner Sorge, dass der Begriff von Inklusion in der heutigen Gesellschaft mehr als Modewort gilt, wie erleben Sie eine „Verwässerung" des Begriffs Inklusion in der heutigen Zeit? (ab 2:01 Aufnahme 2)**	
31	Also ich glaube das schon ganz ganz viel In Sachen Inklusion passiert ist. Ich habe nur positive Erlebnisse mit meinem Sohn. Es passiert ganz viel in Großstadtumgebung, das Bewusstsein der Menschen hat sich wahnsinnig verändert. Ich finde wir sollten auch nicht immer gucken, was nicht funktioniert, sondern es ist schon ganz viel passiert. Ich bin auch ein wenig skeptisch. Nicht immer ist Inklusion angesagt und kann funktionieren. Nicht immer muss es funktionieren und ich glaube wir müssen da nicht nach den Sternen greifen. Es gibt Menschen die sind einfach nicht zu inkludieren. Und diese Zwangsinklusion in den Schulen finde ich auch nicht gut „auf Teufel komm raus", bei der einen Gruppe funktioniert das bei anderen nicht, das ist in jeder Lebenswelt so.	Bewusstseinsveränderung Grenzen Inklusion Wandel Inklusion Lebenseinstellung
	Weitere Transkripte die nicht aus den Interviewfragen entstanden sind:	
32	Nicht selten entstehen Vereine oder Initiativen für Menschen mit Behinderung von betroffenen, Eltern meist. Daher kommen meist auch nur diese Menschen mit ihnen in Berührung und das Thema Behinderung bleibt für nicht betroffene häufig ein Tabu Thema oder Fremd Leben...?	Betroffene
33	(17:25 – 18:55) Ja, das war schon immer so. Guck mal, das, alles was entstanden ist, die Lebenshilfe Vereine damals, ja haben sich alle aus der Not von Eltern herausgegründet ja, diese ganzen integrativen Kindergarten, das ist alles entstanden aus der Not der Eltern, weil die nicht wussten wohin mit ihren Kindern. **Aber** wir werden uns als Gesellschaft mit dem Thema auseinandersetzen müssen und das wird auch zusammenwachsen, hmmm, wachsen werden und wachsen müssen weil wir immer mehr dieser Menschen haben, ja!? Früher sind Menschen mit Down-Syndrom mit 30 gestorben (weitere externe Quelle?), viele hatten schwere Herzfehler, die wurden gar nicht so alt. Heute haben wir 80 jährige Menschen mit Down-Syndrom ja. Genauso wie wir vorher die alten Menschen, den sind wir so gar nicht begegnet, die sind mit 70,80 verstorben? Oder direkt im Heim gelandet. Diese Menschen wohnen jetzt aber auch zuhause (…), was meinst du wie viele über 90jährige noch in ihrer Wohnung, die so durch die Gegend geschoben werden. Dieses Bild von Alt und Krank, das werden wir auf der Straße jetzt häufiger sehen, weil die Menschen mit Behinderung immer älter werden und weil die alten immer älter werden und weil die alten auch nicht mehr in Heime ziehen. Und genauso wollen junge Menschen mit Behinderung nicht mehr in diese Stationären Settings, ja? Es hat halt einfach einen Generationswechsel	Entstehung Verein und IW Generationswechsel Perspektive Stationär vs. ambulant

	stattgefunden, das war früher okay so, das war halt die Zeit, das war modern, das war halt so und jetzt...	
34	**(22:30 – 23:18)** Aber wir sind ja zu doof dazu, wir rennen weiter im Hamsterrad ohne nach links der rechts zu gucken. Wir behalten lieber das bei was wir kennen anstatt uns mal ein bisschen zu öffnen und zu verändern. Und das schlimme ist die sehen ja, dass gerade alles zusammenbricht, die sehen seit Jahrzehnten das dieses Gesundheitssystem zusammenbricht aber es tut keiner was. Laufen sie erstmal so lange weiter, solange es noch geht. Also das ist, ehm ja da sind wir alle und das ist halt dieses warum es wahrscheinlich auch so schwer ist Inklusive WGs zu gründen. Aktuell gibt es ja etwa nur 40-50 in Deutschland.	Perspektiven annehmen Zahlen Inklusives Wohnen